# 智慧图书馆与阅读推广

周宛 著

延边大学出版社

图书在版编目（CIP）数据

智慧图书馆与阅读推广 / 周宛著. -- 延吉：延边大学出版社，2024.3
ISBN 978-7-230-06366-1

Ⅰ.①智… Ⅱ.①周… Ⅲ.①数字图书馆－图书馆工作－研究 Ⅳ.①G250.76

中国国家版本馆CIP数据核字(2024)第069214号

## 智慧图书馆与阅读推广
ZHIHUI TUSHUGUAN YU YUEDU TUIGUANG

----

| | |
|---|---|
| 著　　者：周　宛 | |
| 责任编辑：耿亚龙 | |
| 封面设计：文合文化 | |
| 出版发行：延边大学出版社 | |
| 社　　址：吉林省延吉市公园路977号 | 邮　　编：133002 |
| 网　　址：http://www.ydcbs.com | E-mail：ydcbs@ydcbs.com |
| 电　　话：0433-2732435 | 传　　真：0433-2732434 |
| 印　　刷：廊坊市海涛印刷有限公司 | |
| 开　　本：710×1000　1/16 | |
| 印　　张：10.25 | |
| 字　　数：150 千字 | |
| 版　　次：2024 年 3 月 第 1 版 | |
| 印　　次：2024 年 3 月 第 1 次印刷 | |
| 书　　号：ISBN 978-7-230-06366-1 | |

----

定价：65.00元

# 前　　言

近年来，物联网、云计算、大数据等新兴技术的发展为图书馆的转型提供了技术支撑，传统图书馆已经逐步向智慧图书馆转型。随着人们对智慧图书馆研究的不断深入，智慧图书馆将在知识经济社会中发挥越来越重要的作用。在这一时代背景下，面对新技术、新知识、新理念，以及读者的新需求，组织有效的阅读推广活动，帮助人们更深入地认识智慧图书馆就显得尤为重要。

本书是智慧图书馆与阅读推广方向的书籍，首先对智慧图书馆的概念与功能、特征与构成要素、建设目标与原则等内容进行介绍，之后对智慧图书馆的应用技术进行详细分析，阐述了智慧图书馆的服务，并对智慧图书馆的阅读推广进行了分析，最后论述了图书馆智慧化转型实践。

本书在撰写过程中得到了同人的大力支持，书中参考并借鉴了多位学者的研究成果，在此表示感谢。

由于作者水平有限，加上时间仓促，书中的疏漏和不足在所难免，恳请各位学者及读者提出宝贵的意见和建议，以便今后修改完善。

周宛

2024 年 1 月

# 目　　录

## 第一章　智慧图书馆概述 … 1

第一节　智慧图书馆的概念与功能 … 1
第二节　智慧图书馆的特征与构成要素 … 4
第三节　智慧图书馆的建设目标与原则 … 9

## 第二章　智慧图书馆的应用技术 … 13

第一节　物联网 … 13
第二节　云计算 … 27
第三节　大数据 … 34
第四节　人工智能 … 42
第五节　5G … 47
第六节　区块链 … 56

## 第三章　智慧图书馆的服务 … 60

第一节　智慧图书馆的服务形式 … 60
第二节　智慧图书馆的服务基础 … 69
第三节　智慧图书馆的服务资源 … 96

## 第四章　智慧图书馆阅读推广的基础理论 ………………… 109

### 第一节　图书馆阅读推广要点分析 ………………………… 109
### 第二节　智慧图书馆阅读推广的内涵、内容及优势 ………… 118
### 第三节　智慧图书馆阅读推广体系构建 ……………………… 122

## 第五章　智慧图书馆阅读推广的现状分析及优化路径 …………… 127

### 第一节　智慧图书馆阅读推广的现状分析 …………………… 127
### 第二节　智慧图书馆阅读推广的优化路径 …………………… 131

## 第六章　图书馆的智慧化转型实践案例 ……………………… 135

### 第一节　湖北省图书馆的智慧化转型 ………………………… 135
### 第二节　闽江学院图书馆的智慧化转型 ……………………… 143
### 第三节　重庆大学图书馆的智慧化转型
——以智慧图书馆系统为例 ……………………… 152

## 参考文献 ………………………………………………… 156

# 第一章 智慧图书馆概述

## 第一节 智慧图书馆的概念与功能

### 一、智慧图书馆的概念

关于智慧图书馆的概念，国内学者目前还没有统一的说法，他们从各自的研究领域出发，分别给出了不同的定义。

从感知计算的角度，相关学者认为，智慧图书馆是通过物联网技术、云计算技术，以及智能设备来实现智慧化运作的图书馆。数字化、网络化、智能化是智慧图书馆的信息技术基础，人与物的互通互联是智慧图书馆的核心要素，而以人为本、绿色发展、方便读者则是智慧图书馆的建设目标。

从智能建筑的角度，相关学者认为，基于智慧城市的智慧图书馆，是以全媒体资源为核心，以提供智慧化用户服务为目标，利用新一代网络技术、信息技术，兼顾智慧馆员队伍建设，最终实现海量资源共知共享的一种图书馆形态。

从人文学的角度，相关学者认为，智慧图书馆是依托智能感知技术，通过智能化的设施，充分利用可获得的资源，为读者提供优质服务，并强调智慧馆员重要性的新型图书馆。

从服务用户的角度，相关学者认为，智慧图书馆是指通过引进智能技术，实现服务和管理的高效化和智能化的图书馆。同时，人工智能技术还可以帮助图书馆自动化处理用户咨询和投诉，提高图书馆的服务质量和效率。

这些定义在一定程度上丰富和完善了智慧图书馆的理论基础，但它们又都具有一定的局限性。结合相关内容，本书认为智慧图书馆是以高质量的信息资源为核心，通过高素质馆员的支撑与用户的协同感知，借助高科技手段和智慧化建筑，促进数字图书馆知识服务水平提高的图书馆。它是数字图书馆发展的高级阶段，是集资源、技术、人才、服务、建筑为一体的智慧化集合体。

## 二、智慧图书馆的功能

### （一）智慧管理功能

智慧图书馆的智慧管理功能可以分为对人的智慧管理、对图书的智慧管理、对资产的智慧管理等。

1.对人的智慧管理

对人的智慧管理包括对图书馆馆员的管理和对用户的管理，对人员的管理主要是通过身份识别技术来实现的。

例如，图书馆馆员和用户均需要办理一张存有个人信息的一卡通卡片（卡片也可以内置到手机中）。此卡集多种功能于一体，如图书馆借阅及占座、馆内消费等。

再如，智慧图书馆可在门禁设备处安装感应器或接收器，此装置与图书馆管理系统相连接。馆员或用户需携带一卡通卡片（或有内置一卡通信息的手机）靠近门禁处，接收器就会自动识别并开启门禁设备，同时系统会记录人员信息，并将数据传送到图书馆管理系统中。图书馆管理系统可以自动生成进出馆人员信息报表，并统计出各类人员每天进出馆的次数和具体时间。由于智慧图书馆中装有足够数量的接收器，各类人员进出馆的流动情况可以很方便地从系统中查出。

2.对图书的智慧管理

对图书的智慧管理主要依靠植入芯片技术和 RFID（射频识别）技术来实现。例如，以往图书管理员都是依据图书馆分类法进行图书分类排架、查找等工作。由于读者人数较多，用户借阅图书量大，所以图书管理员需要频繁地对书架进行整理，不仅工作量大，也在一定程度上降低了图书的流通效率。而依靠芯片技术和 RFID 技术，图书管理员可以将来自不同出版社的图书的基本信息植入芯片，通过此芯片可以进行智能化管理。

同时，这些技术可以带来诸多便利。一是植入芯片可以省去繁杂的图书信息编辑工作。二是清点图书工作也变得非常简单，只需要用扫描设备在书架上依次扫过，所有书目信息便一目了然。利用此项技术，以往需要相当长时间的图书清点工作，现在只需很短时间就能完成。三是方便用户查找所需书籍。以往用户借阅图书需要先查找该书的索书号，再去相应的书架找书，利用 RFID 技术，用户只需手持扫描设备，就可以很快找到所需的图书。四是图书馆馆员和用户可以便捷地查询相关书籍的基础信息、馆藏书目数据、借阅数据及图书在当前书架上的具体位置。五是方便馆员将图书归位。图书馆开放式借阅的形式使得图书摆放的顺序比较混乱，馆员需定期对书架进行整理。在智慧图书馆中，只需在阅读器中输入要检查的号码段或要找的书名等，然后沿着书架依次扫描，就可以找到所需书刊，当找到所需书刊时，扫描设备会立刻进行声光提醒。

3.对资产的智慧管理

图书馆资产多，书刊门类杂，管理难度大。以往图书馆资产流失情况时有发生。如果将图书馆资产都植入芯片，并在门禁处设置电子识别器，再加上网络视频监控系统，就可以有效防止图书馆资产的流失。

（二）智慧服务功能

智慧图书馆的智慧服务分为一般性服务和深度服务。一般性服务是指智慧图书馆的基础服务，如智慧性的借还书服务、智慧性的空间服务等；深度服务是指图书馆馆员利用所学的专业知识，结合用户的需求提供的更深层次的服务，一般包括知识服务、高级参考咨询服务等。

# 第二节　智慧图书馆的特征与构成要素

## 一、智慧图书馆的特征

（一）便利性

具体来说，智慧图书馆的便利性体现在以下几个方面。

1. 无线泛在

泛在城市和无线城市给智慧图书馆的创建营造了良好的信息环境。电信事业的发展在为智慧图书馆的发展提供保障的同时，也对我国城乡居民的工作和生活产生了深远影响。利用有线和无线网络，可以使智慧图书馆真正实现泛在化。用户可以在手机等移动终端上进行借阅图书、阅读文献、选择座位和下载视听资源等操作。

2. 个性化服务

进入 21 世纪以来，世界各地图书馆的服务理念都发生了深刻变革，尤其是在我国，图书馆的服务理念发生了从以管理为中心到以服务为中心，从以前的被动服务到现在的主动服务，从重视资源建设和馆藏建设到服务与建设并重，从提供固化的、程式化的服务到提供专业的、个性化的服务等变化。从这些变化中，可以明显看出，智慧图书馆相比传统图书馆更加强调与用户的互动，它提供的服务是智慧化的、交互性强的个性化服务。

（二）互联性

智慧图书馆的互联性体现在三个方面：全面感知、广泛互联和深度协同。

### 1. 全面感知

智慧图书馆通过各种传感器，使图书馆有了"皮肤"，可以感觉到外部的变化。工作人员将传感器部署在设备终端或馆内一些需要感知的环境中，就可以获取想要的数据。例如，温湿度传感器可以用于对机房的监控和预警，RFID感应系统可用于对图书和文献位置变化的感知，等等。目前，通过物联网连接的传感器涉及范围非常广泛，包括射频识别装置、红外感应器、激光扫描器，等等。

### 2. 广泛互联

广泛互联即全面的互联，包括楼与楼之间、层与层之间、区域与区域之间、房间与房间之间、桌与桌之间、计算机与计算机之间、屏幕与屏幕之间、馆藏与借阅之间、网络与网络之间、馆与馆之间、书库与书库之间、图书与图书之间、人与物之间的互联，图书馆服务主体馆员之间、服务客体读者之间的互联，主体馆员与客体读者之间的互联，电信网、广播电视网、互联网之间的互联，图书馆跨行业、跨部门、跨城区或跨国界的互联。这些立体式互联使得智慧图书馆成为一个有机融合的整体，从而保证了智慧图书馆服务的深度和质量。

### 3. 深度协同

智慧图书馆的深度协同体现在馆员与设备工具的协同、馆员与用户的协同、用户与设备工具的协同、信息技术与所有智慧图书馆主体的协同，以及图书馆与其他馆或信息机构的协同等方面。

现代社会，各图书馆之间的信息共享尤为重要，它不但能使各图书馆之间互通有无，而且能够提高资源利用效率，使图书馆的作用最大化。而这些协同的实现必须要有一定的机制，用以规范协同系统内各组成单元的关系，同时维持协同系统的正常运转。例如，在各图书馆之间可以创建个人诚信信息系统，各个图书馆的读者诚信记录可以实现同城联网、全省联网乃至全国联网。这就需要运用智慧图书馆建设的协同理念，在信息技术的支持下创建图书馆诚信协同机制，并逐步建立起图书馆读者诚信网。

## （三）高效性

智慧图书馆的高效性不但体现在管理的高效上，还体现在服务的高效上。

### 1.管理高效

图书馆管理是指图书馆的管理者，通过计划、决策、组织、领导、控制和创新等职能来协调工作人员的行为，以达到图书馆预期目标的活动过程。智慧图书馆的管理者要使管理科学化，使馆内各组成部分高效运转，如促进设备工具的高效使用，提高馆员的工作效率、管理者的决策效率、图书馆整体的创新能力等。

智慧图书馆的管理高效主要体现在反应的即时性和适时性，在面临多变的情况时，管理者能够利用智能系统快速作出反应。例如，利用物联网，可以实时监控电梯运行情况，在电梯运行出现故障时能够及时发现并进行处理。

### 2.服务高效

在现代社会，用户的服务需求越来越向着高、精、深方向发展，对图书馆的要求也越来越高。智慧图书馆的高效服务，一方面体现在馆员根据用户的服务需求，通过现代化的技术手段，提供符合要求的信息资源，必要时，还要根据用户深层次的需求提供更加专业化的服务，如个性化知识推送服务。另一方面体现在图书馆要形成一个集群，利用集群的力量来满足用户个性化的服务需求。例如，"同城一卡通"是21世纪以来图书馆整合集群的典型产物，其使图书馆公共文化服务体系实现了质的飞跃，使原本一个个独立的图书馆整合为集群共享的图书馆，提高了图书馆设施资源、文献资源以及人力资源的使用效率。

## 二、智慧图书馆的构成要素

### （一）资源

资源是图书馆最基础的构成要素。图书馆藏有大量的优秀历史文化资源，具有传承人类历史文化的作用。不同形态的图书馆，其资源存在形态表现不一。在智慧图书馆内，很多传统的纸质图书资源会以数字化的形式呈现。智慧图书馆通过云计算、大数据、移动通信、互联网等技术对数字资源进行存储及深度加工，从而快速地为读者提供个性化资源。

### （二）技术

技术是智慧图书馆建设的前提，也是其必不可少的构成要素。智慧图书馆的各项功能和服务都离不开技术的支持。例如，智慧图书馆的自助借还系统、电子图书阅读器等都是各种技术的直接应用。同时，智慧图书馆还需要通过各种技术实现对图书信息的数字化、网络化处理，以便更好地为读者提供服务。

### （三）服务

服务是图书馆最基本的构成要素。无论图书馆以什么形态存在，都必须为大众提供服务。我国一些图书馆学专家认为，我国图书馆服务经历了文献服务、信息服务和知识服务的发展阶段。在传统图书馆中，资源为王，馆藏数量与质量决定了服务水平；在信息服务阶段，图书馆主要依赖各种技术将纸质资源数字化，并为读者提供数字化信息服务。

智慧图书馆中的知识服务更多的是一种知识增值服务，其利用先进技术将多源数据进行异构处理，再以读者能够理解的形式呈现出来，从而达到快速响应和为读者提供个性化精准服务等目的。

## （四）馆员

馆员是智慧图书馆的核心要素。随着人们对智慧图书馆研究的不断深入，馆员的能力因素越来越重要。

在许多人的印象中，馆员的工作就是整理图书上架、提供咨询等，许多人甚至认为馆员会被技术所取代。而在智慧图书馆中，馆员更能发挥自身的价值，使服务从低层次向高层次转变。在智慧图书馆建设中，馆员要掌握最新的技术、最前沿的理论，并且要具有一定的创新精神。

以往的图书馆通常提供规模化、批量化、标准化的服务，而智慧图书馆则以提供个性化的服务为主。随着技术的发展，智慧图书馆对馆员的要求也越来越高。如馆员要更加积极、主动地了解读者需求，将服务由被动转向主动；从读者的多元需求出发，通过过硬的技术和专业知识，进行知识挖掘和加工集成，然后以读者期望的形式提供个性化服务。

## （五）读者

读者是智慧图书馆不断发展的动力源泉。资源只有得到利用，才能充分发挥其价值，而读者便是资源利用的主体，因此许多图书馆将读者到馆数量、图书借阅数量、活动参与人数、电子资源下载量等作为重要的评估指标。

在传统图书馆中，阅览图书、借阅图书的用户被称为读者。随着智慧图书馆的发展，人们对数字资源的需求越来越大，"读者"这一范畴扩大到使用图书馆及其资源的用户，即智慧图书馆的所有服务对象均可称为读者。读者既是智慧图书馆的服务对象，也是智慧图书馆建设与发展的参与者。

## 第三节 智慧图书馆的建设目标与原则

### 一、智慧图书馆的建设目标

#### （一）总体建设标准化

2021年10月，中共中央、国务院印发的《国家标准化发展纲要》指出，标准是经济活动和社会发展的技术支撑，是国家基础性制度的重要方面。标准化在推进国家治理体系和治理能力现代化中发挥着基础性、引领性作用。新时代推动高质量发展、全面建设社会主义现代化国家，迫切需要进一步加强标准化建设。

近年来，国家层面不断出台关于标准化的规章制度，成立相关标准化组织，如2014年成立的国家智慧城市标准化协调推进组、总体组和专家咨询组，2018年成立的国家人工智能标准化总体组、专家咨询组等。这些都表明了智慧型社会发展的标准化趋势。

智慧图书馆总体建设标准化可以在宏观层面上对智慧图书馆建设进行系统布局，使各项工作有理可循、有据可依，科学、规范、有序地指导全国智慧图书馆建设工作的开展，构建有效的工作机制和模式，助推图书馆事业的转型升级。

#### （二）区域探索特色化

作为知识传播媒介，智慧图书馆的建设要依据不同的地域、不同的文化，甚至不同的人群开发出体现本馆特点的特色功能、特色资源，以此增加对用户群体的吸引力，真正做到"因人制宜""因地制宜""因馆制宜"，改变公众对图书馆千篇一律的固有印象。

作为文化承载机构，智慧图书馆也应突出其保存文化遗产的职能，利用好、整合好区域内的有价值资源，拓展文献资源的保存保护范围，探索出不同类型文化遗产的独特保护方式，以此不断丰富馆藏资源，打造自身的品牌优势，并不断探索在未来多种文化资源体系中的新定位。

### （三）用户服务赋能化

图书馆是人们进行交流和学习的空间，智慧图书馆也不例外。智慧图书馆的服务内容，在用户层面表现为通过利用智慧图书馆内成熟的技术设备，来提高信息资源使用效率，从而间接赋予用户搜索知识、定位知识、创造知识的能力；在社会层面表现为除了要为用户提供信息检索功能，也要为社会增加工作机会、提升人们的生活品质做好准备。

服务赋能化不仅可以使用户实现自我增值，也使得智慧图书馆的服务价值增加。传统图书馆的服务增值主要体现在纸质信息资料的流通上，而智慧图书馆的服务增值主要体现在知识的交流上，用户与智慧图书馆通过双向交流，将知识传承下去。

### （四）管理控制精准化

为保障智慧图书馆各种活动的正常开展，需要对海量的信息进行精准的管理控制。这种管理控制是指智慧图书馆的管理者应充分顺应新环境、新形势，使管理过程更加有序化、结构化、精确化。

## 二、智慧图书馆的建设原则

### （一）标准化和规范化原则

智慧图书馆信息的采集、加工、传播和利用都是以网络为依托的。互联网技术对于智慧图书馆建设的重要性不言而喻，但若要形成全国范围内的智慧图书馆联盟，甚至全球范围内的共建共享，那么统一的标准和建设规范是必不可少的。

由此可知，标准化和规范化会直接影响智慧图书馆建设的效果。例如，国际上统一的标准、规范、协议，以及可兼容的软硬件，在数字资源系统建设、技术平台构建、信息服务系统开发等过程中，都是至关重要的。换句话说，智慧图书馆的未来建设及其功能实现，必须建立在统一的标准、规范基础之上。

### （二）开放性和集成性原则

未来智慧图书馆的发展，将为读者提供高度智慧化的服务，同时，读者能够通过与图书馆的互动，自主地参与图书馆的服务与管理。智慧图书馆为读者提供的微信互动、微博分享、知识导航站，以及电话预约、就近取书等服务，降低了图书馆的进入门槛，使馆员与读者、读者与读者、馆员与馆员之间能够自由互动。在智慧图书馆的管理和服务中，读者可直接或间接地发挥作用。知识信息在"图书馆—读者"之间的流动更加快速而直接，其通过共建整合、无障碍转换、跨时空传递等，可以实现集约显示，使读者更加方便地获取。依靠集群化综合服务平台，知识资源的视角不再局限于点，而是扩展到条、面、区域，从而达到条线的交流、块面的联系、区域间的互动，实现智慧化运作。

### （三）智慧性和泛在性原则

1.服务时间和服务空间

无线网络技术的发展、更加智能的自动化服务系统的出现，使用户可以通过终端设备，不受时间、地点的限制，享受个性化的服务。在智慧图书馆的建设中，应充分利用技术优势，打破传统图书馆服务时间和服务空间的限制，使人们能够更加自由地体验到个性化的智慧图书馆服务。

2.服务对象和服务模式

移动通信技术的发展，促使图书馆的服务模式发生了改变。各种智能系统可以为所有连入图书馆网络的读者主动推送信息，每位读者都能公平地获取所需的资源和服务。这使得智慧图书馆在建设过程中，要进一步拓宽服务对象的范围，丰富智慧服务的模式。

# 第二章　智慧图书馆的应用技术

## 第一节　物联网

### 一、物联网的定义

物联网是指通过 RFID 技术、传感器技术、智能嵌入技术、全球定位技术，以及激光扫描器等信息设备，按约定协议将任何物品与互联网连接以进行物品标识、感知信息处理、交换和通信，实现对物品智能化识别、定位、跟踪、监控和管理的一种网络。简单地说，物联网就是物与物相连的网络或者说是物体的互联网。

与传统互联网相比，物联网是物物相连的互联网，它的核心和基础是互联网，其本质是在互联网基础上的延伸和扩展。

### 二、物联网的特征

和传统的互联网相比，物联网具有三个鲜明的特征。

（一）全面感知

全面感知就是通过各种类型的传感器实时感知被测物理对象的状态，它是各种感知技术的综合应用。物联网中部署了多种类型的传感器，每个传感器都是一个信息源，不同类别的传感器所捕获信息的内容和格式不同。传感器按一定的频率周期性地采集环境信息，并不断更新数据。传感器获得的数据具有实时性。

### （二）可靠传递

可靠传递就是通过各种网络的融合，将物体的信息实时、准确地传递出去。物联网是一种建立在互联网上的泛在网络，通过各种有线和无线网络与互联网融合，将物体的信息实时、准确地传递出去。物联网技术的重要基础和核心仍是互联网。物联网上的传感器定时采集的信息需要通过互联网传输，由于其数量极其庞大，在传输过程中，为了保证数据的正确性和及时性，物联网必须适应各种异构网络和协议。

### （三）智能处理

智能处理就是利用云计算、模糊识别等各种智能技术，对海量的数据和信息进行分析和处理，以实现对物体的智能化控制。物联网本身也具有智能处理的能力，能够对物体进行智能控制。物联网将传感器和智能处理相结合，利用云计算、模式识别等各种智能技术，扩大其应用领域，并从传感器获得的海量信息中找出有意义的数据，对其进行分析、加工和处理，以满足不同用户的不同需求，同时发现新的应用模式。

## 三、物联网的体系架构

目前在业界，物联网体系架构也被分为三个层次：底层是感知层，中间层是网络层，最上面的一层则是应用层。

感知层相当于人的皮肤和五官，主要包括二维码标签和识读器、RFID电子标签和读写器、摄像头、传感器等，它的主要任务是识别物体和采集信息。

网络层类似于人的神经中枢，主要包括通信与互联网的融合网络、网络管理中心和信息处理中心等，它的主要任务是对感知层获取的信息进行传递和处理。

应用层类似于人的大脑，该层是物联网与行业专业技术的深度融合，与行业需求相结合，实现行业智能化。它的主要任务是对获取的信息进行分析和处理，作出正确的决策，实现智能化的管理、应用和服务。

各层之间传递的信息多种多样，其中的关键是物品的信息，包括在特定应用系统范围内能唯一识别物品的识别码和物品的静态信息与动态信息。这些信息不是单向传递的。

### （一）感知层

物联网与传统网络的主要区别在于物联网扩大了传统网络的通信范围，即物联网不仅包括人与人之间的通信，还包括人与物、物与物之间的通信。在物联网中，如何完成对物的感知这一关键环节呢？针对这一问题，笔者将对物联网感知层的功能和关键技术进行介绍。

1.感知层的功能

物联网在传统网络的基础上，从原有网络用户终端向下延伸和扩展，扩大了通信对象的范围，人与现实世界中各种物体之间的通信以及物与物之间的通信也被包括在通信的范围内。

这里的"物"并不是自然物品，而是需要满足一定的条件，如有相应的信息接收器和发送器、数据传输通路、数据处理芯片、操作系统、存储空间等，并且要遵循物联网的通信协议，在物联网中有可被识别的标识。现实世界中的物品未必能满足这些要求，它们需要特定的物联网设备的帮助才能满足以上条件，并加入物联网。物联网设备具体来说就是嵌入式系统、传感器、RFID 电子标签等。

物联网感知层解决的是人类世界和物理世界的数据获取问题，包括各类物理量、标识、音频、视频数据。感知层处于三层架构的最底层，是物联网发展和应用的基础。作为物联网的最基本层面，感知层具有十分重要的作用。

感知层一般包括数据采集和数据短距离传输两部分，即首先通过传感器、摄像头等设备采集外部物理世界的数据，然后再通过短距离有线或无线传输技术进行协同工作或者将数据传递到网关设备，也可以只有数据的短距离传输这一部分，特别是在仅传递物品的识别码的情况下。实际上，感知层这两个部分有时很难明确区分。

### 2.感知层的关键技术

感知层所需要的关键技术包括检测技术、中低速无线或有线短距离传输技术等。具体来说，感知层综合了自动识别技术、RFID 技术、传感器技术等，能够通过各类集成化的微型传感器的协作实时监测、感知和采集各种环境或监测对象的信息。感知层通过嵌入式系统对信息进行处理，并通过无线自组织网络以多跳中继方式将所感知的信息传送到接入层的基站节点和接入网关，最终到达用户终端，从而真正体现物联网"无处不在"的特点。

## （二）网络层

网络层中的感知数据管理与处理技术是实现以数据为中心的物联网的核心技术。感知数据管理与处理技术包括物联网数据的存储、查询、分析、挖掘、理解，以及基于感知数据决策和行为的理论和技术。云计算平台作为海量感知数据的存储、分析平台，是物联网网络层的重要组成部分，也是应用层众多应用的基础。

在产业链中，通信网络运营商在物联网网络层中占据着重要地位，而正在高速发展的云计算平台将是物联网发展的又一助力。

### 1.网络层的功能

物联网网络层是在现有网络的基础上建立起来的，它与目前主流的移动通信网络、国际互联网络、企业内部网络、各类专网等一样，具有数据传输的功能。

在物联网中，网络层能够对感知层感知到的数据进行无障碍、高可靠性、高安全性的传送，它解决的是感知层所获得的数据需要在一定范围内传输，尤其是远距离传输问题。同时，物联网网络层将承担比现有网络更大的数据量，面临更高的服务质量要求，所以现有网络尚不能满足物联网的需求，这就意味着物联网需要对现有网络进行融合和扩展，利用新技术实现更加广泛和高效的互联功能。

由于广域通信网络在早期物联网发展中的缺位，早期的物联网应用往往在部署范围、应用领域等诸多方面存在局限，终端之间以及终端与后台软件之间都难以进行协同。随着物联网的发展，建立端到端的全局网络势在必行。

2.网络层的关键技术

由于物联网网络层建立在 Internet 和移动通信网络等现有网络的基础上，除目前已经比较成熟的远距离有线、无线通信技术和网络技术外，为满足"物物相连"的需求，物联网网络层将综合使用各种新的通信技术，实现有线与无线的结合、宽带与窄带的结合、感知网与通信网的结合。

（三）应用层

物联网应用层利用经过分析处理的感知数据，为用户提供丰富的特定服务。物联网的应用可分为监控型（物流监控、污染监控）、查询型（智能检索、远程抄表）、控制型（智能交通、智能家居、路灯控制）、扫描型（手机钱包、高速公路不停车收费）等。

应用层是物联网发展的目的，软件开发、智能控制技术将会为用户提供丰富的物联网应用。各种行业和家庭应用的开发将会推动物联网的普及，给整个物联网产业带来效益。

1.应用层的功能

应用是物联网发展的驱动力和目的。应用层的主要功能是对感知和传输的信息进行分析和处理，作出正确的决策，实现智能化的管理、应用和服务。

具体地讲，应用层通过各类信息系统对网络层传输的数据进行处理，并通过各种设备与人进行交互。这一层也可按形态划分为两个子层，一个是应用程序层，另一个是终端设备层。应用程序层进行数据处理，完成跨行业、跨应用、跨系统的信息协同、共享、互通，涵盖电力、医疗、银行、交通、环保、物流、工业、农业、城市管理、家居生活等行业，可用于政府、企业、社会组织、家庭、个人等，这正是物联网作为深度信息化网络的重要体现。终端设备层主要提供人机交互界面，物联网虽是"物物相连的网"，却是以人为本的，需要人的操作与控制，不过这里的人机交互界面已远远超出现在人与计算机交互概念的范围，而是泛指与应用程序相连的各种设备与人的交互。

2.应用层的关键技术

物联网应用层能够为用户提供丰富的体验，然而如何合理、高效地处理从网络层传来的海量数据，并从中提取有效信息，是物联网应用层要解决的一个关键问题。应用层的关键技术主要有M2M技术、用于处理海量数据的云计算技术等。

## 四、物联网在智慧图书馆中的应用

### （一）RFID技术在智慧图书馆的应用

RFID技术是物联网的核心技术，其可通过无线电信号识别特定目标并读取相关数据，无须在识别系统与特定目标之间建立机械或光学联系，就可实现高速的数据采集，并且过程无须人工干预。特别是在设备高速运动过程中，其也可实现无屏障读取数据，具有远距离非触控性的自动感知能力，被认为是21世纪最具发展潜力的技术之一。

在智慧图书馆中，RFID电子标签取代了传统的条形码和磁条，被附在纸质书刊、音像制品、借书证等一切需要管理的物品上，成为用来识别唯一性的电子编码，这样每个物品都是一个终端结点，经过授权的馆员可根据工作需要对电子标签中记录的物品信息进行删除或修改，如纸质书刊的信息、馆藏地、架位等数据。相对于磁条来说，电子标签可多次修改和重复利用。电子标签的阅读器分为手持式和固定式，可以对标签信息进行读取（有时也可以写入）。天线作为连接点，可以在电子标签和阅读器之间传递射频信号。

同时，RFID 系统与互联网进行连接，这样使得每个终端结点不但具有信息感知能力，而且具有信息处理能力，实现了读者与文献资源、读者与读者、读者与馆员、馆员与文献资源、馆员与馆员、文献资源与文献资源之间的互联互通。

目前，RFID 技术被逐步应用于图书馆的日常管理业务中，与条形码系统相比，RFID 系统更加便捷、高效、省时省力，能够显著提高智慧图书馆的服务质量和工作效率。

具体来说，RFID 技术在智慧图书馆的应用主要体现在以下几个方面。

1.提供文献定位与查找服务

利用 RFID 技术，文献可以被精确定位，便于文献的馆藏管理和读者查找。RFID 电子标签中有文献的精确定位信息，可以帮读者快速定位到文献的位置，并迅速找到该文献，大大缩短了查找时间。同时，文献的精确定位也有助于馆藏管理，比如馆员使用扫描器就可以很快查出馆藏图书的错架情况，快速完成图书盘点工作。

2.提供图书自助借还服务

从本质上来说，自助借还机就是 RFID 阅读器与自助借还的应用软件的综合体。不需要馆员的参与，读者可以直接使用自助借还机对图书进行扫描，同时自动消磁，就实现了借、还书流程。有的自助借还机还可以进行图书批量借、还处理。

在图书自助借还服务的基础上，RFID 技术还可以帮助读者完成其他自助项目，比如读者可以自助办证、自助查询目录、自助复印、自助打印、自助扫描、自助充值、自助缴费等。

3.提供"手机图书馆"服务

手机图书馆又可称为"无线图书馆"或"移动图书馆"。随着智能手机的普及，手机图书馆可以让读者更方便地使用图书馆的信息资源。比如，手机图书馆可为手机读者提供在线书目查询、催还、预约、续借、即时通知等服务。

4.提供电话语音服务

智慧图书馆的电话语音服务，就是通过电话向持有RFID借书证的读者提供服务。一般包括目录查询服务、图书流通服务、馆际互借服务、文献传递服务、人工咨询服务、自动缴费服务、手机短信服务等。

5.提供一卡通管理服务

借书证可以采用RFID技术制作，对RFID借书证的分发、激活、管理和使用进行管理就是"RFID一卡通管理"。RFID借书证还可以通过绑定读者身份证，实现图书借阅、身份识别、充值消费等功能。

6.提供安全检测服务

在图书内嵌入RFID标签后，无线射频装置、声光报警设备、安全检测门等设备通过自动监测软件可以对其进行监测，从而实现对图书的安全管理。例如，通过无线射频装置，图书馆可以自动读取RFID标签信息，实现图书的快速盘点和定位。同时，无线射频装置也可以监测图书的借阅和归还情况，准确记录图书流通情况。当未被授权的图书经过安全检测门时，声光报警设备会发出警报，吸引工作人员的注意，使其及时处理问题。此外，安全检测门通过自动监测软件可以监测经过的图书是否带有RFID标签，如果发现未授权的图书，同样会发出警报。这些设备与监测软件协同工作，大大提高了图书馆对图书的管理效率，减少了图书丢失的情况，提升了图书馆的服务质量和用户满意度。

（二）蓝牙技术在智慧图书馆的应用

蓝牙技术是一种短距离无线电技术。利用蓝牙技术，不仅能够加强掌上电脑、笔记本式计算机和移动电话等移动通信终端设备之间的通信，也能够加强这些设备与因特网之间的通信。

蓝牙主设备最多可与一个微微网（一个采用蓝牙技术的临时计算机网络）中的7个设备通信，当然并不是所有的蓝牙主设备都能够达到这一最大量。设备之间可通过协议转换角色，从设备也可转换为主设备。比如，一个头戴式耳机如果向手机发起连接请求,它作为连接的发起者,自然就是主设备,但是随后也许会作为从设备运行。数据传输可随时在主设备和其他设备之间进行。主设备可选择要访问的从设备,因此理论上从设备就要在接收槽内待命。主设备的负担要比从设备少一些,主设备可以与7个从设备相连接,但是从设备却很难与一个以上的主设备相连。

具体来说,蓝牙技术在智慧图书馆的应用主要体现在以下几个方面。

首先,基于蓝牙技术,针对开放式借阅方式的乱架问题,可以设计一套图书馆开架式流通管理方案。具体思路:假如可以随意放置图书,那么只要馆员在放置这些图书的同时,记录下当前放置的位置(存放在当前位置的"架位号",而不是该放置位置的"排架号"),盘点时候把该图书所在的"架位号"输入计算机中,当读者需要寻找该图书时,就可以通过计算机检索到放置该图书的当前位置,即"架位号"找到该图书。具体操作时,馆员可以利用支持蓝牙技术的无线条码阅读器,在移动中进行条码阅读,对图书当前的架位进行编号,并用条形码进行标识,在将图书上架的同时,通过专用的管理信息系统,就可以把图书当前的"架位号"输入管理信息系统中,这样就确定了图书所在的"架位号",以方便计算机检索和读者查找。

其次,为了满足馆内外大量的便携式电脑、手机等用户随时、随地、随机、随身访问的需求,可以利用现有图书馆有线网络服务系统,按相隔一定的距离安装蓝牙接入点基站(或称为接入点服务器),根据蓝牙技术传输特点、蓝牙接入点基站特性以及周围环境情况进行部署,这时在被蓝牙无线网络覆盖的区域内,读者就可以通过支持蓝牙的设备,比如笔记本电脑、智能手机等,在任何时间自由查询和接收图书馆的各种信息。蓝牙接入点基站的一端通过有线网口与原有网络信息服务系统相连,另外一端通过蓝牙无线收发器、蓝牙无线网卡同蓝牙设备相连,从而使这些蓝牙设备接入有线网络,访问图书馆的信息资源或服务。

## （三）Wi-Fi 技术在智慧图书馆的应用

无线通信技术与计算机网络结合，产生了 WLAN 技术，即无线局域网技术，其中 Wi-Fi 技术便是 WLAN 的主要技术之一，它是一种可以将个人电脑、手持设备（如平板电脑、手机）等终端以无线方式互相连接的技术。同时它也是一个无线通信网络技术的品牌，由 Wi-Fi 联盟制定。

Wi-Fi 通过无线电波来连接网络。在一个无线路由器电波覆盖的有效范围内，人们都可以采用 Wi-Fi 连接的方式上网。

Wi-Fi 与有线接入技术相比，其特点和优势主要体现在用户移动性方面。在有线接入网络中，用户只能在固定的位置上网，活动范围受到限制。而在无线网信号覆盖区域内，任何位置的用户都可以接入网络，他们可以真正实现随时、随地、随意地接入宽带网络。

具体来说，Wi-Fi 技术在智慧图书馆的应用主要体现在以下几个方面。

首先，基于 Wi-Fi 的指纹自适应室内定位系统可以在智慧图书馆内实现人员的智能定位，其原理是把图书馆人员在室内实际环境中的位置和某种"指纹"联系起来，一个位置对应一个独特的指纹。该定位系统的硬件主要包括三类设备：智能手机终端、无线接入点和服务器。智能手机终端主要用于采集定位所需的相关信息；无线接入点不仅能为客户端采集提供无线信号数据，还能为客户端与服务器连接提供数据通路；服务器主要包括数据采集处理服务器、数据库服务器、地图导航服务器，它们协同工作，共同处理来自客户端的定位请求。

其次，为了实现图书馆馆舍内的环境舒适性和节能性，还可以针对智慧图书馆环境监测的特点，遵循物联网架构，研制一种用于智慧图书馆馆舍环境感知的传感器节点设备，并搭建馆舍环境智能监测平台。分布在各个阅览空间的传感器节点设备组成一个无线传感器网络，其所测量的数据将被统一汇入监测数据中心进行综合分析和存储，然后将分析结果通过图书馆运行系统数据墙直观地显示给读者和工作人员。

### （四）ZigBee 在智慧图书馆的应用

物联网中布置了大量的节点，这些节点不仅数目众多还分布广泛，有很多处于室外的采集节点无法连接到网络，所以在进行无线传输的时候，要考虑到带宽、传输距离以及功耗等因素。

在物联网技术出现之初，已有的无线协议很难满足人们低功耗、低花费、高容错性的传输需求。ZigBee 技术的产生解决了这一难题。

ZigBee 技术是一种近距离、低复杂度、低功耗、低数据传输速率、低成本的双向无线通信技术，是为了满足小型廉价设备的无线联网需求而产生的。近年来，它应用于无线传感器网络中，非常好地完成了传输任务，同样也可以应用在物联网的无线传输中。

ZigBee 技术相较于其他无线传输技术，最大特点就是低功耗和低成本，被业界认为是最有可能应用在工业控制场合的无线通信技术，在物流环境监测、工业监控等领域有很大的应用空间。

具体来说，ZigBee 技术在智慧图书馆的应用主要体现在以下几个方面。

首先，传统的磁条检测防盗技术存在检测率低、易产生误报或漏报、系统电路复杂、集成度低、故障率高、不能实时可靠地反应图书馆的运行状况等问题。基于 RFID 技术和 ZigBee 技术，可以构建一种新的图书馆无线智能监控通道系统。该通道系统通过 RFID 读卡器实现图书的防盗报警，通过热释电红外技术实现人流量统计，通过 ZigBee 技术，可以将图书报警信息和人流量统计信息通过无线网络传输到连接服务器的 ZigBee 协调器上，服务器对数据进行分析和处理，并把分析和处理结果发送到终端的显示设备，从而降低图书被盗概率。

为了解决图书馆座位管理系统实时性不强、图书馆乱占座等问题，提高座位使用率，相关人员研究了一套座位管理机制，提出了一种"设置座位获取优先级"的办法，并采用 ZigBee 技术进行实践。所设计的图书馆智能座位管理系统通过硬件监控的方式，对座位进行实时监控，并设置座位选择优先级和近程、远程相结合的选座规则。

此外，ZigBee 无线通信技术的环境监控系统可以检测环境中的温度、湿度和光强度等参数，并且由监控软件对网络采集的数据进行统一管理和分析。

一些监控方案不仅能够实现对图书馆内温湿度、光照度、灰尘度和有害气体的检测，还可以通过 ZigBee 网络对空调、除湿机、通风机和日光灯等进行控制，实现室内环境的自动调节，同时通过 GPRS 网络把环境数据传送到后台，从而实现图书馆环境的现场检测、调控及后台综合管理。

### （五）Beacon 技术在智慧图书馆的应用

Beacon 可以被看作一个小型的信息基站，而多个 Beacon 能构成信息服务网络。Beacon 技术以廉价硬件通过低功耗蓝牙的方式对网络内的移动设备捕捉和推送信息。很多零售店铺、大型会场、学校等场所都会采用该技术进行信息捕捉和推送。

通过研究 Beacon 技术在国内外应用的实例，结合图书馆的特点和实际情况，有研究人员提出基于该技术可以实现活动消息推送、馆藏导航、阅读推广、感应借书、阅览室座位管理、阅读分享互动、活动签到等功能。

具体来说，Beacon 技术在智慧图书馆的应用主要体现在以下几个方面。

首先，研究人员认为基于 Beacon 的智慧图书馆应用服务的基础是信息的标识感知与处理，而二维码作为信息标识与识别领域的关键技术，在读者标识、图书标识、座位标识、阅读推广服务标识方面，能够和 Beacon 技术充分配合，以满足图书馆服务的智能化需求，为读者提供全面的智慧服务体验。

其次，结合智慧图书馆的实际情况，从应用实践的角度出发，人们提出了 Beacon 技术在图书馆信息服务中的应用规划与系统设计方案，由此可以实现智慧图书馆个性化信息的推送，为每一位读者带来全新的服务体验。

有研究人员提出了 5 种基于 Beacon 的智慧图书馆应用方案，包括消息推送、馆内导览、读者行为分析、情景式信息素养培训和馆内导航，并设计了基于 Beacon 的智慧图书馆应用的系统功能、系统架构和硬件部署方案，为读者提供情景驱动式的智能化服务。

## （六）NFC 技术在智慧图书馆的应用

NFC（近场通信）是一种短距离无线通信技术。其采用了双向的识别和连接技术，能快速、自动地组建无线网络，为蜂窝设备、蓝牙设备、Wi-Fi 设备提供一个"虚拟连接"，使电子设备可以在短距离内进行通信。

相关研究人员分析了 NFC 技术在智慧图书馆的应用，对智慧图书馆如何利用 NFC 技术开展智能服务和目前面临的问题进行了探讨，同时也探索了 NFC 技术应用于智慧图书馆领域的各种可能，包括身份识别、消费支付、路线导航、图书浏览、自助借还书、自动复印、信息获取与共享阅读等。

具体来说，NFC 技术在智慧图书馆的应用主要体现在以下几个方面。

1.身份识别

利用 NFC 技术，图书馆中的门禁设备和借还设备可以对带有 NFC 功能的手机进行身份识别，因为手机的 NFC 处于卡模拟模式时，其本身就相当于一张 ID 号唯一的卡片，对读者的身份进行绑定，就可用于身份的识别。当然，该功能也可以用于"校园一卡通"服务。

2.支付功能

图书馆需要用到支付功能，如书籍的超期罚款、资料的打印复印，以及读者在图书馆的其他消费等。当读者卡绑定 NFC 时，读者可以利用手机 NFC 功能直接支付这些花费。

3.自助借还书

NFC 技术与读者卡集成后，读者在图书馆借还书时，直接使用带有 NFC 功能的手机接触图书的 RFID 标签，就可以实现借书、还书功能。特别适合人工借还的工作量大和自助借还机满足不了读者需求的情况。

4.编目和流通

随着技术的进步、硬件成本的降低，出版社可以采用 NFC 技术，把用于图书编目的 MARC 数据直接写入 NFC 芯片，并把芯片内嵌到图书中，图书馆采购后就可以直接利用 NFC 读取设备，把编目数据直接输入系统，这将极大提高编目的效率和数据的准确率。图书馆在编目时将图书馆的架位号等信息写入芯片，就可以实现图书的检索和定位。

### 5.自助存包

NFC 技术可以应用于图书馆的自助存包柜，这时读者可以用 NFC 手机代替传统锁具和钥匙以及条码纸控制柜门开关。读者存包时按操作键盘中"存"键，刷一下 NFC 手机，自助存包柜识别手机并生成 NFC 标签信息。读者取包时按操作键盘中"取"键，刷手机中的 NFC 标签对读者身份进行认证，实现开柜取包功能。

### 6.打印服务

接触 NFC 打印机可以打印读者 NFC 手机里的文档、图片、网页等资料，实现资源的复制，并自动收费，操作简单，能避免损伤书籍和终端设备不兼容等问题。

### 7.采购交接

书商按照图书馆采购订单配送图书，交接时，不用清点，而是双方使用 NFC 手机就能交换采购订单和到货清单，帮助图书馆轻松完成清单签收和图书交接工作。

### 8.设备控制

在设备中加入 NFC 芯片后，利用装在手机上的设备管理系统对设备的参数进行设置，设置好后，利用 NFC 功能，手机靠近控制设备的 NFC 芯片，就能把数据写入 NFC，然后控制系统就根据 NFC 中设置的参数进行工作。

一些图书馆内供读者使用的电脑、自主借还机等设备也可以通过 NFC 手机接触使用，并可控制使用的时间，甚至也可收取使用费。相信随着技术的发展，NFC 控制技术使用的范围将越来越广泛，设备管理也将更加便捷。

## 第二节 云计算

### 一、云计算的内涵

云计算是在传统的数据存储、分布式计算和网络技术等计算机技术的基础上发展而来的，它增强了网络分布式存储和处理海量数据的能力，以方便人们按需及时获取相应的服务。在当今这个数据信息"大爆炸"的时代，云计算日益显现出它强大的存储、计算能力和良好的应用前景。

云计算是分布式计算的一种，指的是通过网络"云"将巨大的数据计算处理程序分解成无数个小程序，然后，通过多部服务器组成的系统处理和分析这些小程序，得到结果，并反馈给用户。

### 二、云计算的服务层次

云计算其实是分层的，公认的 3 个云计算服务层次是 IaaS（基础设施即服务）、PaaS（平台即服务）和 SaaS（软件即服务），分别对应硬件资源、平台资源和应用资源。

#### （一）IaaS

IaaS 指的是以服务形式提供服务器、存储和网络硬件。这类基础架构一般是利用网格计算架构建立虚拟化的环境，网络光纤、服务器、存储设备、虚拟化、集群和动态配置软件被涵盖在 IaaS 之中。在 IaaS 环境中，用户相当于在使用裸机和磁盘，虽然可以在其上运行 Windows 或 Linux，做许多事情，但用户必须自己考虑如何让多台机器协同工作。由于 IaaS 是由公众共享的，所以资源使用率较高。

IaaS 提供接近于裸机（物理机或虚拟机）的计算资源和基础设施服务。IaaS 的典型代表是亚马逊的云计算服务平台，亚马逊提供了两个典型的云计算平台：弹性计算云 EC2 和简单存储服务 S3。EC2 发挥计算功能，用户在该平台上可以部署自己的系统软件，完成应用软件的开发和发布。S3 发挥存储计算功能，S3 的基础窗口是桶，桶是存放文件的容器。S3 给每个桶和桶中每个文件分配一个 URI 地址，用户可以通过 HTTP 或者 HTPS 协议访问文件。

### （二）PaaS

PaaS 是建立在 IaaS 之上的服务，为用户提供基础设施及应用双方的通信控制。具体来讲，用户通过云服务提供的基础开发平台，运用适当的编程语言和开发工具，编译在云平台运行的应用，以及根据自身需求购买所需应用。用户不必处理底层的网络、存储、操作系统等技术问题，底层服务对用户来说是透明的。

典型的 PaaS 应用有谷歌公司大规模数据处理系统编程框架 MapReduce 和应用程序引擎 Google App Engine、微软提出的 Microsoft Azure 等。目前，Google App Engine 用户使用一定的资源是免费的，如果想要使用更多的带宽、存储空间等，则需要另外付费。现存很多应用程序还不能很方便地在 Google App Engine 上运行。Microsoft Azure 以 Microsoft 数据中心为基础，允许用户开发应用程序，同时提供了一套内置的有限 API，方便用户开发和部署应用程序。

### （三）SaaS

SaaS 是一种基于互联网提供软件服务的应用模式，不用安装相应的应用软件，打开浏览器即可运行，并且不需要额外的服务器硬件，可以按需定制软件（应用服务）。

在传统的业务授权方式中，业务提供商负责整个业务过程中的全部工作，包括业务逻辑信息管理、业务资源存储、业务资源提供等。当用户向业务提供商申请某种业务时，业务提供商首先根据用户的用户名和密码等信息对用户进行身份认证，然后根据用户的权限信息对用户申请的业务进行访问控制，最后根据用户的访问控制信息和业务逻辑信息调度业务资源，为用户提供服务。

在云计算环境下，传统的业务授权方式具有明显的缺点。首先，业务提供商向用户提供业务的效率低。因为业务提供商需要从云服务提供商获取业务资源后，再向用户提供业务。其次，业务提供商的服务负载较高。因为业务提供商需要首先调度业务资源，然后才能向用户提供资源。当用户数量庞大时，业务提供商调度和提供资源的负载就会很高，这就需要增加业务提供商的资源投资，这样业务提供商就不能利用云计算降低资源投资。最后，用户访问业务资源的方式有限。因为用户只有通过业务提供商，才能获取相应的资源。

为了解决上述问题，用户可以采用通过业务提供商颁发的凭证直接访问云计算服务提供商的方式获取业务资源，而且这种方式还保护了业务提供商的用户信息。根据用户获取凭证内容的不同，用户有两种获取资源的方法。

第一，用户从业务提供商获取的访问凭证包括业务资源信息、业务逻辑信息和访问控制信息等，用户可以通过此凭证直接访问云服务提供商，云服务提供商根据此凭证直接向用户提供业务资源。

第二，用户从业务提供商处获取的访问凭证包括业务资源信息，但不包括业务逻辑信息和访问控制信息。当用户通过此凭证直接访问云计算服务提供商时，云计算服务提供商需要首先根据此凭证向业务提供商获取业务逻辑信息和访问控制信息，然后根据业务逻辑信息和访问控制信息向用户提供业务资源。

具体步骤如下：①用户向业务提供商申请资源信息，业务资源信息可以是各类业务资源的 ID 等；②业务提供商根据用户申请，向用户提供相关资源信息；③用户向云计算服务提供商发送业务资源信息，请求访问业务资源；④云计算服务提供商确认用户请求中是否携带该资源的访问控制凭证，在没有凭证时，云计算服务提供商根据请求中携带的资源信息获取相应的业务提供商信息，并向该业务提供商发送资源访问控制请求，其中资源访问控制请求中携带用户的标识信息和业务资源信息；⑤业务提供商根据用户的标识信息对用户进行身份认证和访问控制，将该业务资源的访问控制信息发送给云计算服务提供商，资源访问控制信息包括业务资源授权信息；⑥云计算服务提供商对接收的资源访问控制信息进行认证，并向认证通过的用户提供相应的业务资源。

针对上述两类不同的方法，使用第一类方法的用户从业务提供商获取的凭证中包括权限信息，从而减少了云计算服务提供商获取权限的过程，因此访问业务的效率相对较高。而使用第二类方法的用户可以更灵活地访问业务，用户可以利用授权凭证随时随地访问业务。因为用户获取的凭证信息相对简单，存放、传输等要求低，并且云计算服务提供商向业务提供商获取用户的权限信息，减少了权限信息的传输环节，降低了权限信息被窃取的风险。

## 三、云计算的优点

在云计算环境下，用户形成了"购买服务"的使用观念，他们面对的不再是复杂的硬件和软件，而是最终的服务。用户不需要购买硬件设施，节省了购买费用，同时可以节省等待时间（漫长的供货周期和冗长的项目实施时间），只需要把钱汇给云计算服务提供商，就能立刻享受服务。云计算的最终目标是将计算、服务和应用作为一种公共设施提供给公众。云计算必将改变图书馆的管理模式、服务模式和功能定位。云计算的优点主要有以下几个。

### （一）降低管理成本

云计算可以简化信息技术架构，具体表现为信息技术的应用可以随时定制、随时取用、按需付费。智慧图书馆内大量的电子资源，无论是自建的，还是购买的，都可以存储在"云"上，而不再需要存储在本地存储设备上。云存储化解了电子资源数据剧增与存储空间不足的矛盾，化解了知识信息剧增与图书馆馆藏能力有限的矛盾，提高了电子资源的利用率。构建标准化、低成本的云计算系统，能够实现资源的共建、共享。

## (二)加快资源整合进程

云计算最重要的思想是整合。云计算可以将存储的数据进行整合和应用。在智慧图书馆中,各种资源(如电子资源、馆藏书目数据、自建数据库等)可以被一个"云"整合在一起,信息高度融合。构筑信息共享空间,即"行业云"或"区域云",能使读者享受到更全面、更专业的云服务。

## 四、云计算在智慧图书馆的应用

过去图书馆一般采取直连式存储(DAS)、网络接入服务器(NAS)和存储区域网络(SAN)三种技术进行数据的存储,但随着数字图书馆建设取得的巨大成就以及智慧图书馆建设的推进,出现了图书馆信息系统数据的增长、数据种类繁多且结构复杂、磁盘设备存储能力有限等问题,这时传统技术很难满足对数据的备份、扩展和恢复的需求。这主要表现在以下方面:①图书馆信息资源显著增加。尤其是采用了门禁、监控、RFID等系统以后,数据更新频繁且变化无常,对图书馆现有的数据管理、备份、存储设备等提出了挑战。②有些图书馆的IT基础设施比较落后。在服务器、存储及备份系统等基础设施更新改造时,可以考虑私有云建设,发挥云计算在建设方面费用少的长处。③读者对信息服务的需求日益提升。这就要求图书馆的信息网络资源要保证读者可以从任何地点、任何设备接入服务和数据;同时要做到信息共享更加容易和方便,信息更新更加及时,信息利用更加简便。

按照云计算提供者与使用者的所属关系,可将云计算模式分为四类,即公有云、独立或总分馆私有云、混合云和行业云。而这四种云计算模式在智慧图书馆中都有应用。

### (一)公有云模式

图书馆把数据或信息系统放在云服务商提供的"云"上,通过互联网对数据或信息系统进行管理，这是一种典型的公有云模式。比如，在阿里云、腾讯云等云平台上可以分别搭载书目、自荐数据、电子资源目录的检索和定购等业务服务。图书馆的业务究竟搭载到哪朵"云"上，要根据自己的实际应用来定。一些小规模图书馆不想创建或维护自有的基础架构或应用，可以选择这种模式。

### （二）独立或总分馆私有云模式

现阶段，智慧图书馆使用的最为典型的云模式应该是独立或总分馆私有云模式。独立私有云模式一般在没有分馆的情况下使用，而总分馆私有云模式是在有分馆的情况下使用，比如一个市级的图书馆有一些县区级的分馆。在总分馆私有云模式下，总馆肩负着中心节点的职能，承担"云服务"提供者的角色。总馆和分馆都是"云服务"的使用者，直接将业务负载于"云"上，几乎所有的业务支持系统和资源服务系统都通过总馆的"云"来提供服务。这样，总馆可以利用云计算平台进行数字资源的整合、组织、关联，分馆通过网络协议实现馆际互借、资源共享。

根据目前国内的实际情况，很多智慧图书馆都建立了自己的私有云平台，可以说目前智慧图书馆利用云计算技术搭建自己的专属私有云是主流，这里主要介绍一些相应的研究成果。

在云计算技术出现不久，就有研究人员构建了数字图书馆私有云平台，随后利用开源平台，搭建了数字图书馆私有云基础设施，并和外部存储集成，还进行了相应的测试。

根据云计算技术，特别是私有云的建设，有研究人员提出以虚拟化为基础搭建图书馆云计算平台，并提出了比较成熟的解决方案。

针对数字图书馆建设中资源浪费的问题，基于 Xen Cloud Platform 的服务器虚拟化构架，研究人员讨论通过多个增值服务来解决私有云建设过程中的关键问题，提出了智慧图书馆私有云的开源基础构架解决方案。

有研究人员论述了私有云在智慧图书馆的应用，并对其优势进行了分析，阐述了智慧图书馆私有云建设的必要性，介绍了智慧图书馆业务系统私有云的框架选型以及智慧图书馆业务系统私有云的部署流程。

一般情况下私有云架构有两种，一种是先虚拟化再集群，另一种是先集群再虚拟化。前者要建立虚拟机的集群，需要的服务器数量少，软硬件均有高可用性，缺点是部署及配置管理复杂，可能会造成空间浪费。后者是先将虚拟主机建立集群，虚拟机在集群上运行，这样不仅硬件可达到高可用性，存储空间也可按需分配，部署及配置管理相对比较简单，缺点是所需服务器数量多，软件无法达到高可用性。

目前，虽然很多智慧图书馆都建立了自己的专属私有云，但总体来说，公开发表的文献不多，主要原因可能是这些智慧图书馆把云计算底层的事务交给了云计算提供商来处理，而图书馆的技术人员更多关注的是应用层面。

### （三）混合云模式

混合云模式是指智慧图书馆一方面利用一个或多个云计算提供商提供公有云服务，另一方面还在本地提供私有云服务。利用混合云模式，智慧图书馆可以把一些信息系统，比如目录服务、馆际互借、联合咨询、联机编目、软件共享等放在公有云上。这样对互联网用户来说，访问的速度会更快一些；对智慧图书馆来说，节省了私有云的建设成本。另外，可以将海量的需要大数据技术处理的数据放在私有云上，方便对这些数据进行分析和处理。

### （四）行业云模式

行业云模式是指图书馆行业联合起来组成行业联盟，各个图书馆提供自己的资源，由联盟组织进行统一管理，向联盟馆提供统一的服务。

20世纪末，随着新一代网络和信息技术的广泛应用，图书馆在文献信息的生产、传播方面面临着新的挑战。在知识越来越多样、信息越来越巨量的环境下，单个图书馆的资源、经费、设备与人力，已不可能满足本馆读者专业化和深层次的需求，这就为图书馆之间进行合作提供了可能。图书馆可以联合起来共同为读者提供透明的服务。

同时，由于技术应用越来越深入到图书馆各个方面，单馆的技术能力已经远远满足不了技术应用的需要，整合各馆的技术力量，通过馆际的技术合作以及和相关厂商的技术合作，发挥联盟的优势成了当务之急。

中国高等教育文献保障系统（CALIS）正是在这一背景下产生的。CALIS可以提供易得文献获取服务、易得学术搜索服务、外文期刊网服务、CALIS联合目录服务、CALIS共享系统服务、CALIS与国家科技图书文献中心（NSTL）的文献传递服务、电子书在线阅读和租借式借阅服务、CALIS中文期刊论文单篇订购服务等。

其中，CALIS共享系统服务模块采用云计算技术构建了中心云服务平台和共享域云服务平台，可以支撑近百家图书馆在同一个共享域内进行业务操作，切实改善了图书馆共享的服务模式，实现资源、平台、服务、数据共享。

## 第三节　大数据

随着社交媒体的相继出现，互联网成为全世界网民实时互动、交流协同的载体。基于互联网，机器自学习、数据库、多维联机分析处理、数据可视化等技术得到快速发展，对社会各行各业的发展产生了深远的影响。

随着科研环境的快速变化，图书馆的资源存储与处理能力受到挑战，用户需求也更加多样化，学科馆员的素质与能力亟须提升，学科馆员团队的建设与管理需持续优化。大数据环境下的智慧图书馆业务与服务面临着前所未有的挑战。

移动互联网、物联网和云计算技术的快速发展，正在深刻地改变世界，这种改变渗透到每一个行业和业务领域。在大数据时代，作为一种新的战略资源，数据对经济社会发展的贡献率不断提升，已经可以和人才、稀有资源等一起成为提升国家竞争力的重要资源。大数据技术在智慧图书馆建设中的作用也越来越大。

## 一、大数据的内涵

大数据本身是一个很宽泛的概念。从专业角度来说，大数据是指无法在一定时间范围内用常规软件工具进行捕捉、管理和处理的数据集合，是需要使用新处理模式才能具备更强的决策力、洞察发现力和流程优化能力的海量、高增长率和多样化的信息资产。

从数据本身而言，大数据是指大小、形态超出典型数据管理系统采集、储存、管理和分析能力的大规模数据集，而且这些数据之间存在着直接或间接的关联性，可以使用大数据技术从中挖掘需要的信息。

大数据技术是挖掘和展现大数据蕴含的价值的一系列技术与方法，包括数据采集、预处理、存储、分析挖掘与可视化等。大数据应用则是对特定的大数据集运用一系列技术与方法，以获得有价值信息的过程。大数据技术的研究与突破，最终目标就是从复杂的数据中挖掘有价值的新信息，进而发现新的数据分析模式。

## 二、大数据的特征

维克托·迈尔-舍恩伯格（Viktor Mayer-Schönberger）在其代表作《大数据时代》一书中提出，大数据对信息时代有三大转变：数据分析将依赖全体数据，而不是随机样本；数据允许混杂性，而不是精确性；追求相关关系，而不是因果关系。这三方面的转变将改变我们理解和组建社会的方法。互联网的普及使网民行为变得多样化，通过互联网产生的数据日渐增多，既包括结构化的数字信息，也包括非结构化的图片、文本、视频、音频等信息，因此我们需要了解大数据的特征。

### （一）数据量大

大数据的一个重要特征就是数据量大，起始计量单位是 P（1 000 个 T）、E（100 万个 T）或者 Z（10 亿个 T）。互联网巨头纷纷在全球建立数据中心，一方面是出于当地政府管理的需要，另一方面则是因为用户产生的数据量太大了，一个甚至几个数据中心根本满足不了用户的数据存储要求。以苹果公司为例，为了存储大量的 iMessage、iCloud 等客户数据，以及手机、平板电脑等设备上的照片、视频、文档，苹果公司在全球建立了数十座数据中心，每座数据中心的投资数额多达数亿甚至十几亿美元。

### （二）数据多样性

数据多样性体现为数据资料来源多样性及数据结构多样性。数据来源包括语音、视频、文本等，数据结构则包括结构化、半结构化和非结构化，如网络日志、图片、地理位置信息等。数据多样性对数据提取者的数据处理能力提出了更高的要求。要想整合多样性的数据，数据提取者就要具备一定的技术分析能力。

### （三）价值密度低

大数据价值密度低是指在大量的数据中，真正有价值的信息相对较少。这是因为大数据的规模巨大，包括结构化和非结构化的数据类型，其中包含了大量的无价值甚至是错误的信息。因此，要想从大量的数据中挖掘出有价值的信息，需要用强大的机器算法对数据进行价值"提纯"，这是一个非常具有挑战性的任务。

## （四）传播速度快、时效性强

由于大数据大多是线上数据，具有即时性特征，只能反映用户当下的个体行为和情感特征，因此提取速度越快，能够获得的有价值的数据就越多。一旦过了数据提取时间窗口期，那么，很多数据基本上就是无效且冗余的。例如，个性化推荐算法要求尽可能实时完成推荐。

在数据分析过程中，虽然大数据分析与传统数据分析有着截然不同的特点，但大数据分析并不能完全替代传统数据分析，如我们在做电视收视调查时，尽管通过大数据分析能够得到更精确的结果，但传统数据分析也有自身的优势，两者可以互补，而不是让大数据分析完全替代传统数据分析。

## 三、大数据的数据处理流程

大数据技术普遍采用的数据处理流程可以概括为五步，分别是数据采集、数据导入和预处理、数据统计和分析、数据挖掘、数据可视化。

### （一）数据采集

数据采集是指利用多个数据库来接收发自客户端的数据，并且用户可以通过这些数据库进行简单的查询和处理工作。大数据的采集需要有庞大的数据库的支撑，有的时候也会利用多个数据库同时进行。

### （二）数据导入和预处理

数据采集端有很多数据库，需要将这些分散的数据库中的海量数据全部导入一个集中的大的数据库中，并在导入的过程中依据数据特征进行一些简单的清洗、筛选工作。

## （三）数据统计和分析

依据已经导入的海量数据的特征进行分析和分类汇总。在统计和分析的过程中需要用到大数据分析工具和分布式数据库。

## （四）数据挖掘

数据挖掘可以让分析员更好地理解数据，而预测性分析可以让分析员根据数据挖掘的结果和可视化分析作出一些预测性的判断。只有运用准确、合适的算法才能使分析员从大数据中得到有价值的数据分析结果。

## （五）数据可视化

数据可视化是数据分析最基本的要求。可视化能够直观地呈现大数据的特征，让数据"说话"，使数据更容易被用户接受。

# 四、大数据技术在智慧图书馆的应用

从研究现状来看，目前大数据技术在智慧图书馆的应用研究和实践涉及智慧图书馆的各个方面，为了论述方便，这里把研究成果分为综合应用、管理与决策、服务创新、个性化推荐四个方面。其中的个性化推荐本来也算服务创新的类别，但由于这方面研究成果较多，所以单独列为一类。

## （一）综合应用

这里的综合应用是指研究人员对智慧图书馆整体的综合研究。有研究人员对云计算开源框架 Hadoop 进行了比较深入的研究，设计了基于云计算 Hadoop 环境下的智慧图书馆体系的结构框架，并对智慧图书馆的一些功能进行了设计。

为解决大数据环境下智慧图书馆服务面临的海量数据分布式存储、多样化数据源分布式管理，以及简易灵活的大数据服务应用问题，有研究人员提出了一种基于 Hadoop 的图书馆大数据整体技术框架，构建图书馆海量数据分布式存储管理、多样化数据源分布式管理和多样化服务管理模式。

针对互联网时代智慧图书馆的海量业务、文献和用户数据，可以利用 Spark 技术框架有效解决图书馆大数据挖掘处理过程中，读者复杂的多重处理需求和低延迟的交互式查询需求相矛盾的问题。

根据智慧图书馆建设发展的相关理念及功能性需求，相关研究人员建立了基于 Spark 大数据处理技术的图书馆智慧服务框架，提出和介绍了基于 Spark 大数据处理技术的图书馆智慧服务流程；使用数据挖掘的相关思想挖掘读者借阅信息，使用多维度评分算法，从读者借阅历史数据中，分析读者对图书的评分，通过使用协同过滤推荐算法和 Mahout 框架，在读者检索图书时提供更加精确的检索结果。

此外，相关研究人员还针对目前主流的大数据处理技术进行分析，研究其在数字资源揭示过程中的应用方法，分析和构建了 Hadoop、Memcached、Cassandra、协同过滤等技术在服务平台中的应用模式。

### （二）管理与决策

通过对图书馆业务流程优化，研究人员建立了以读者为起点、以大数据分析决策为核心、以读者服务为终点的智慧图书馆工作流程，改变了传统的以文献采购为起点、以读者借阅为终点的图书馆工作流程，并将大数据分析决策的结果应用到智慧图书馆的日常管理工作中。具体应用包括图书馆大数据的信息获取、图书馆大数据的信息存储、图书馆大数据的信息分析、图书馆大数据决策支持（包括管理策划、参考咨询、资源建设、采购评估、阅读推广、读者教育、舆论监督）等几个方面。

相关研究人员提出了一种基于 Hadoop 的图书馆非结构化大数据分析与决策系统。该系统能够快速分析图书馆中的海量非结构化数据，通过处理海量非结构化数据发现其中隐藏的价值，并从非结构化数据中挖掘知识，可为图书馆决策和读者服务提供支持。

同时，研究人员开发了基于 Hadoop 的图书馆数字资源大数据分析系统。该系统可以多维度、多层次进行数据分析，发现数据之间的潜在关系，深度挖掘数据价值，通过资源聚类与标签，可以合理配置热点数字资源。

此外，有研究人员构建了 Hadoop 分布式文件系统（HDFS），用来管理数据量庞大的图书基本信息和书籍评论信息。同时，构建了 Hadoop 集群环境，并实现了分布式存储图书信息和评论信息的功能。

为解决图书馆传统关系型数据库在海量数据存储和访问效率中存在的问题，有研究人员提出了一种基于 Hadoop 的图书馆复合大数据存储系统。该系统能够满足图书馆大数据存储需求，提高大数据存储效率。图书馆复合大数据存储系统以图书馆海量文献资源为基础，构建了以 Spark 为代表的内存计算框架，研究人员阐述了其在提供文献大数据服务方面的独特优势，提出了以文献资源聚合模式和 Spark 技术为支撑的图书馆文献服务方案，设计了应用案例并分析了实验结果。

## （三）服务创新

通过对图书馆文献数据和用户数据的资源整合、信息挖掘，研究人员构建了一个基于大数据的图书馆移动信息服务平台，包含大数据移动检索、个性化推荐、情景感知等创新性的移动信息服务，以提高智慧图书馆服务水平。

为了提升智慧图书馆在大数据下的特色数字资源服务质量，研究人员探讨了一种更科学有效的云服务模式。采用 Hadoop 平台，结合实例探讨了 HDFS 的构建需求与可行性，并提出将 HDFS 的关键技术应用于特色数字资源云服务的具体方案。

在一些研究中提到的图书馆智慧墙系统，是以大数据技术为依托，采集图书馆设备数据、空间数据、环境数据和第三方业务数据后，开展数据整合与数据挖掘，并在显示屏上进行直观展示，实现信息的统一发布及管理的系统。

## （四）个性化推荐

个性化推荐的研究成果比较多，下面根据所含关键词 Mahout、K-means 或 Apriori、MapReduce 分别论述，不含这三个关键词的归为其他类别。

### 1.含关键词 Mahout

有研究人员使用 Hadoop 计算平台，以 K-means 算法为例，分析其在 Mahout 中的并行化策略。相关研究人员通过对读者的借阅数据进行分析研究，应用数据挖掘技术逐步建立应用模型，有效地将数据挖掘技术与图书馆个性化服务紧密地结合在一起。

相关研究人员从搭建 Hadoop 分布式平台和运用 MapReduce 实现算法入手，针对读者借阅记录的分类号进行频数统计和借阅时间统计，依据借阅次数和借阅时间获得读者的偏好值，并基于图书的推荐器，测试伪分布式单节点模式和完全分布式 MapReduce 计算框架下的推荐效果。

### 2.含关键词 K-means 或 Apriori

通过 Hadoop 平台，利用图书流通数据，对图书的信息进行收集整理并规范化为聚类数据，通过对借阅次数和读者类别的不同形式的 K-means 聚类，可以发现读者的阅读倾向和很多有价值的信息。

相关研究人员利用 MapReduce 框架分块处理技术，并结合 Apriori 算法，将数据挖掘技术应用到图书管理系统中。针对传统的 Apriori 算法，研究人员提出基于内存计算、弹性分布式数据集处理的 Spark 平台，为读者推荐书籍。

### 3.含关键词 MapReduce

相关研究人员利用优势矩阵法对目前主流的推荐算法赋予不同的权重；通过对分布式计算框架 MapReduce 的研究，以及采用的推荐算法，在 Hadoop 框架下进行了并行化实验，最终在对混合推荐策略与 Hadoop 并行计算框架研究的基础上，设计并实现了基于 Hadoop 的智慧图书馆图书推荐系统。

### 4.其他

相关研究人员提出一种以文献"混合关联"为主要内容的图书馆文献推荐方案及实现算法，并应用 Spark 内存计算技术设计实证案例，最后对实证结果进行讨论并与同类算法比较，结果表明该方案能有效满足用户需求，提高文献推荐的准确率。

此外，研究人员提出在 Hadoop 平台上构建移动图书馆个性化信息服务系统，从用户的信息行为角度出发，利用大数据技术获取用户信息需求，能提高移动图书馆个性化信息服务的质量。

## 第四节　人工智能

现阶段，人工智能的应用领域十分宽泛，不仅集中在人工智能研究本身，还涉及哲学、数学、社会学、心理学等诸多领域，影响深远而广泛。

### 一、人工智能的内涵

人工智能最早来源于智能机器的建立和电脑技术的发展，人工智能旨在运用计算机程序研究人类或动物的智能行为，通过设定程序模拟人脑活动，并执行这些模拟行为。换言之，人工智能研究的是通过某种特定程序利用计算机模拟、延伸人类智能。这些程序由人工智能研究人员负责编写。早期的人工智能强调的是灵活运用的智能技术，如解决数学、逻辑等问题，或是参与对话，类人化的具体行为活动则不包括在内（如在不稳定的环境中自由行走）。随着人工智能技术的不断进步，其为人类提供了多方面的服务，如对股份市场的趋势进行预测，对患者的疾病进行诊断和治疗等。

人工智能系统能够以多种方式对周围环境作出反应。这样的系统可以探索周围环境，操纵物体，或者与其他智能系统进行交流。人工智能系统通常是由一些既定指令或目标来控制的，目标可能由总控制器提供，也可能从系统对其情况的评估中产生。智能系统推断出适当的目标，继而采取行动的过程，称为"计划"。计划是自动解决问题的特殊例子，是人工智能的重要分支。

简言之，人工智能与（计算机）程序设计息息相关，紧密相连。随着机器感知和推理环境的能力越来越强，程序设计将会变得越来越复杂，计算机程序甚至可能在一些被认为只有人类才能完成的任务上超越人类。继而，人工智能很有可能会展现出与人类智能截然不同的能力。

## 二、人工智能的研究内容

人工智能是一个综合性很强的领域，研究内容十分广泛，这里主要介绍自然语言处理、计算机视觉、专家系统和模式识别这四项内容。

### （一）自然语言处理

自然语言处理是人工智能技术研究的热点方向之一，主要是使计算机能够理解人的语言表达，并实现以自然语言为媒介的人与计算机的交流。自然语言处理是统筹多种信息学科的综合技术，其处理过程包括词法分析、句法分析、语义分析三个阶段。自然语言处理功能强大且应用广泛，不仅能够进行语音识别，还可以进行机器翻译。

自然语言处理的分析过程看似简单，实际上却十分复杂。首先需要将语句切分为单个词语，并对这些词语赋予词义；其次要分析语句的结构以及确定单词之间的逻辑关系，厘清单词在句中的作用并对这些逻辑层次进行表达；最后要把分析的语句代入实际应用当中进行语义分析。其中最难处理的是词义分析，中文中有许多一词多义的词语，这大大增加了语言处理的难度。语义识别技术是语言处理过程中用到的关键技术，运用该技术可处理一词多义的难题，解决语句歧义的问题。

自然语言处理的热门应用领域之一是语音识别。语音识别技术功能强大，可以实现"人机对话",在生活中随处可见,比如可用手机语音搜索功能免去打字烦恼,智能音箱、机器人等都运用了语音识别技术。

## (二)计算机视觉

计算机视觉又称机器视觉,是用摄像头等各种成像系统代替人的视觉器官获取图像,由计算机代替人的大脑完成处理和解释。计算机视觉是当今机器学习的热点方向之一,其统筹了计算机科学、信号处理、统计学和神经生理学等学科内容,是一种综合性的科学技术。

计算机视觉研究的最终目标是使计算机可以像人类一样依靠视觉来观察世界,进而理解世界,并具有独立适应环境的能力。毫无疑问,实现这个目标还需要走很长的路。在这个过程中,研究人员可以构建某个先进的视觉系统,此系统可凭借一定的视觉灵敏度和反馈智能去完成所给任务,这也是相关研究机构追求的中期目标。需要强调的是,虽然在计算机视觉系统中可以将计算机模拟为人脑,但是计算机并不等同于人脑,也就是计算机不一定需要采取人类视觉通用的方法处理其通过成像系统所获得的信息。

在当今高度信息化的时代,计算机视觉被应用于各个行业,不仅包括民用领域,还包括军事领域。在民用领域,工业机器人中的计算机视觉系统可以使控制过程顺利进行;自动驾驶或移动机器人中的计算机视觉系统能够实现自主导航行动;交通信息网中的计算机视觉系统可以进行视频监控,而且能够对车流量进行统计。在军事领域,计算机视觉系统可以探测敌方人数以及用于导弹精确制导装置等。

## (三)专家系统

专家系统是人工智能研究的重点内容。专家系统指在某一特定领域中,能够像人类专家一样解决复杂问题的计算机程序系统,它一般通过学习某领域若干专家多年来积累的知识和经验,然后模拟人类专家对问题作出判断与决策,这样的专家系统可以替代人类专家处理某些实际问题。

专家系统由人机交互界面、知识库、推理机、解释器、综合数据库和知识获取六大部分组成。专家系统按照知识体系可以分为逻辑类专家系统、规则类专家系统、语义网络类专家系统等，按照任务体系可以分为预测型专家系统、诊断类专家系统、设计型专家系统等。

专家系统的工作原理是用户在人机交互界面输入问题；然后推理机通过知识库中的若干规则来匹配用户输入的信息，并将这些匹配结果存储在综合数据库中；最后专家系统利用解释器得出较准确的结论并反馈给用户。专家系统一般具有启发性、透明性和灵活性等特征，是一种人性化的计算机程序系统。

### （四）模式识别

模式识别产生于 20 世纪 20 年代，随着人工智能的发展而兴起，是人工智能的基础研究领域。模式识别是利用计算机程序，根据输入的图片、文字或声音等原始数据进行描述分析和判断处理的技术。模式识别系统一般有 5 个组成部分，分别是数据获取、预处理、特征提取、分类决策、分类器设计。通常该系统结构分为由前 4 个部分构成的未知类别模式分类模块和分类器设计模块这两大模块。

数据获取是为了得到计算机能够识别的信息，通常由传感器测得的物理量被转化为电信号，通过转化器获取相对应的数据值，再对获取的数据进行预处理，即对输入的信息进行滤波降噪操作，进而获得具有分类意义的数据。特征提取是指从众多特征中筛选出有效且有限的特征，从而减少分类器的计算量，降低分类器的设计难度。分类决策是由上述流程产生的分类样本根据分类规则进行评估与决策，其是该系统最重要的组成部分，关系到输出结果的准确性。分类器设计是依据输入的训练样本自主进行的，其过程一般为分类器的自我学习过程，其学习方式通常分为有监督学习和无监督学习。

模式识别有着丰富的应用领域，包括文字识别、指纹识别、遥感等。文字识别可以快速、高效地将汉字输入到计算机中；指纹识别是应用非常广泛的模式识别技术之一，指纹的唯一性意味着用户身份的唯一性，指纹识别常用于刑事侦查等确认人身份的场合；遥感其实是一种图像识别技术，被广泛应用于气象预报及军事侦察等领域。

## 三、人工智能在智慧图书馆的应用

### （一）提升服务效能

众所周知，图书馆内有许多简单、重复性的工作，这些工作往往既枯燥无味又非常耗费时间与精力。人工智能的出现能很好地解决这一问题，从而节约图书馆馆员的工作时间，让他们有更多的时间与精力为读者提供个性化的服务。另外，人工智能环境下的馆员需要具有更高的综合素质，而高素质的馆员在服务时往往更能满足读者的需求。人工智能还有极为出色的计算能力与运行速度，在读者查找书籍时，能迅速地为读者提供书籍的位置信息，之后再通过智能导航系统，帮助读者轻松地找到想要的书籍。

此外，人工智能还能根据读者的习惯以及阅读兴趣，个性化地推荐书籍，读者可以根据所推荐的个性化书单，有针对性地向图书馆馆员或者智能系统进行询问，从而拥有更好的阅读体验。

### （二）满足读者需求

现在大多数年轻读者已经适应数字化环境，相比于在图书馆借阅书籍、与人交流获取帮助等，他们更倾向于阅读数字化书籍、使用自助设备。此外，还有各种各样的特殊人群，如残障人士可能需要一本盲文书籍，儿童可能需要一本绘本，他们的需求各不相同。人工智能可以通过构造用户画像，精准地把握读者的需求，结合图书馆馆员的工作，让读者的需求尽可能得到满足。正如图书馆构建各种各样的主题馆，一方面是为了吸引读者，另一方面是为了满足不同类型读者的需求。现在，智慧图书馆应是以读者为中心的，其使用人工智能技术，也正是希望读者的需求能得到满足。

## （三）实现价值提升

数字化资源的出现让馆藏体量变得不再重要，过去以馆藏为中心的思想在当前环境中可能并不那么适用。人们想看书，除了能选择纸质书，还可以选择电子书；想找书，除了可以询问图书馆馆员，还可以询问搜索引擎。智慧图书馆是一个不断发展的有机体，人工智能的出现不仅是一种挑战，更是一次机遇。它让图书馆的传统业务与科技前沿相结合，不仅推动了图书馆服务的进步，还提升了图书馆在当前环境下的竞争力，让图书馆拥有了同其他信息机构跨界竞争的能力。

同时，人工智能的介入还可以促进图书馆馆员综合素质的提升，一定程度上也提升了图书馆自身的价值。因此，将人工智能与图书馆传统业务相结合，不仅能够顺应时代的发展潮流，还能帮助图书馆把握住重要的发展机遇，对实现图书馆的智慧化转型具有极其重要的意义。

# 第五节　5G

## 一、5G 的内涵

5G 又称第五代移动通信技术，是 1G、2G、3G、4G 之后的最新移动通信技术。5G 不仅能实现人与人之间的联系，还能实现人与物的连接，且几乎囊括了所有的人与物的连接。5G 具有数据传输快、网络容量大、可用性强等特点。

5G 作为一种新型的移动通信技术，不仅要满足用户的需求，还要满足移动医疗、车联网、智能家居、工业控制、环境监测等物联网应用需求。最终，

5G 将渗透到经济社会的各行业、各领域，成为支撑经济社会数字化、网络化、智能化转型的关键技术。

## 二、5G 为图书馆智慧服务带来的变革性影响

5G 是 1G、2G、3G、4G 的延伸，能够满足当下比较流行的无人驾驶和智慧制造等行业的技术需求，已经被广泛应用于这些行业，并在产业融合方面具有较大的发展空间，对全球经济与技术发展起着重要的推动作用。

5G 的发展在一定程度上推动着智能互联网的快速发展，特别是对无线传感网络、知识网络及物联网的发展起着重要的促进作用。5G 推动着各个领域海量数据的涌现，也促使各种智能平台快速研发与推广。在以 5G、移动边缘计算等为代表的多元信息技术的驱动下，人类在技术上实现了较大的突破，能对技术资源进行灵活配置，对神经网络进行深度分析，对各种智能设备进行远程监控。

由于 5G 能够大幅度提高信息传播速度，故成为读者获取高质量信息不可或缺的技术。此外，交互式网络资源共享平台的构建也离不开 5G 的支持。同时，5G 为智慧图书馆建设下硬件空间的再造、信息呈现方式的优化等提供了技术支持，也为给读者营造智慧生态场景及深度融合的情感感知空间提供了重要技术基础。

### （一）为资源组织模式带来的变革性影响

智慧图书馆背景下的智能信息通信技术是以知识流和算力共享为目标的。智慧图书馆拥有多种多源异构的数据资源，而这些资源由原来的被动获取向主动感知转变，从而能够基于智慧平台向读者进行智慧推荐，充分发挥数据与资源的价值，体现出智慧图书馆的智慧性。通过人工智能、大数据可视化等多种技术，智慧图书馆能够对多源异构和异源异构的数据进行收集、分析和查找，

从而对数据进行综合管理。智慧图书馆通过对这些数据进行各种技术处理，帮助读者通过元数据自动获取与组织这些数据，从而提高数据的分析利用率。

（二）为信息传输方式带来的变革性影响

5G 对图书馆信息传输方式带来了变革性的影响。由于 5G 在信息传输方面具有多天线和高频高速的特点，故其在云数据传输方面具有相当大的优势，为虚实融合的空间共享建设提供了良好的技术基础。

5G 在支持组播技术等方面也具有很大的优越性，能够为智慧图书馆的发展带来创新突破，支持图书馆各种融媒体进行云端课堂教学及多媒体文化推广，为读者带来良好的网络冲浪体验。5G 为智慧图书馆中的各种读者活动、超高清会议直播、影视服务与艺术展览等活动的开展提供了可能，也为当下流行的图书馆直播提供了便利。

（三）为通信终端带来的变革性影响

随着 5G、云计算及人工智能的发展，读者在智慧图书馆中所使用的通信终端也将越来越多元化。在面向读者的服务中，通信终端的所有权与使用权是分离的，具体表现为其所有权在图书馆，而使用权在读者。这种分离状态在一定程度上将改变读者在智能终端的使用行为。具体而言，智慧图书馆可增强 5G 在主题展览、教育教学等场景中的应用，并努力做好 5G 在知识共享、资源导航、个性化推荐等方面的应用，从而实现多个智能终端之间的协同发展。

（四）为数据应用平台带来的变革性影响

未来智慧图书馆所支持的技术将与当下有所不同，主要体现在未来智慧图书馆的技术特征以 C-RAN 和 MEC 为代表。其中 C-RAN 是指根据现网条件和技术进步的趋势，提出的新型无线接入网构架。而 MEC 是指移动边缘计算，当下仍以有线接入网为主。未来，智慧图书馆集成云平台会取代当下流行的应用程序（App）。在未来的智慧图书馆中，当下常用的书目管理系统、智慧服务平台等必须支持 5G 的服务端口,才能接入智慧图书馆系统,持续为读者提供智能化的服务。

### (五)为智能空间服务带来的变革性影响

随着 5G、人工智能等技术的发展,智慧图书馆也将向着虚拟与现实相融合的方向发展。在智慧图书馆建设中,图书馆将成为具有集成性的知识服务中心,可与相关部门或院系共享教学与科研等方面的数据,并对这些数据进行归纳、整理,然后根据读者需求提供数字资源、科研数据等,使馆员、读者、数字资源、设备和物理空间等进行深度融合。

由于 5G 具有大容量和低功率的优势,智慧图书馆内所有智能设备均可以实时在线运行,馆员可以对馆内所有智能设备进行实时监控,以及对采光、温湿度等指标进行监控和调节。在 5G 的支持下,智慧图书馆可为读者创建虚实融合的虚拟体验馆,让读者沉浸其中,体验沉浸式阅读、学科咨询与虚拟教学等服务。

## 三、5G 在智慧图书馆的应用

5G 是当前国内外最先进的智能技术之一,极大地改善了用户体验。5G 为图书馆的信息获取、信息储存、信息传播等带来了很大的改变。

### (一)无感入馆和图书借阅服务

现阶段,很多智慧图书馆都应用了人脸识别技术。读者在进入图书馆时只需要站在人脸识别机器前,机器便可以获取读者的信息、检测读者的体温等,只有符合设定条件的读者方可入馆。采用 5G 实现的人与物的连接,快速高效,人脸识别一般在 1 秒左右就可以完成。读者无须携带身份证或读者证,刷脸即可入馆,非常方便。

读者入馆后,其信息通过 5G 连入图书馆网络,读者可以通过智慧数据大屏、智能书架、智能机器人等设备方便地获取图书,还可以在自助借还机上完成借还手续。与传统图书馆相比,5G 支持下的智慧图书馆能让读者深刻地感受到高科技带来的高效率。

## (二)基于定位技术的读者导引服务

在 5G 的支持下,智慧图书馆可以借助定位技术、无线连接技术等准确了解读者的位置信息,再结合智慧图书馆的物理框架位置系统,为读者提供精确的导引服务。读者通过自己的手机搜索相关图书后,就可查询到该书的物理位置。同时,图书馆还可以根据读者所在的区域,向读者提供根据该区域定制的语音、视频形式的图书介绍、资源推荐等温馨服务。这在应用 5G 之前是很难做到的,需要基于 5G 精确位置定位技术和超快信息传输能力。

## (三)沉浸式与网络直播服务

5G 网络的数据传输速度远高于 4G 网络。理论上,5G 网络的数据传输速度可达到数千兆每秒,这意味着用户可以更快地下载和上传大型文件,如高清视频和大型应用程序。此外,5G 网络通过优化数据传输路径和减少网络拥堵,将延迟降低到最低水平。具体来说,5G 网络的延迟大约只有几十毫秒,这比人的反应速度还要快。低延迟的特性对于需要实时通信的场景来说非常重要,如自动驾驶汽车、远程医疗手术等。在这些场景下,任何微小的延迟都可能导致严重的后果。

因此,其在沉浸式体验方面表现优异,如增强现实(AR)服务和虚拟现实(VR)服务。在智慧图书馆中,图书馆可向读者提供沉浸式服务,这种服务方式主要依赖于先进的技术和创新的服务模式,使读者能够全身心地投入到阅读和学习中。

在 5G 的支撑下,智慧图书馆还可以通过直播的方式与读者进行互动。由于 5G 具有高速率、低时延等特点,所以能实时与读者保持互动,且画面清晰。

当前，短视频在我国得到了快速发展，国内也有不少图书馆通过抖音等平台向读者提供短视频服务。目前浙江图书馆、杭州图书馆、上海图书馆等通过抖音、微信公众号等平台向读者提供网络直播服务。在 5G 的支持下，图书馆网络直播将成为常态。

### （四）智慧书房服务

智慧书房以自助实体图书馆为基础，在 5G 的支持下，将馆内的各种相关设备与读者的智能手机等进行连接，从而为读者提供不限时的、无值守的、全开放的图书馆服务。目前，智慧书房已经在国内经济比较发达的地区得到了快速推广，如很多地区已经建设了很多智慧书房，并在志愿者的帮助下推出了许多活动，获得了市民的赞赏。

### （五）智慧场馆服务

智慧场馆借助 5G 的大规模物联网、增强移动宽带和关键任务通信等技术，可以实现更高效、更智能化和更个性化的服务，提升用户体验和场馆运营效率。以下是这些技术在智慧场馆中的具体应用。

#### 1.大规模物联网技术

设备连接：智慧场馆内部署大量的传感器和设备，如智能照明、环境监测、安全监控等。5G 的大规模物联网技术可以支持这些设备的高效连接和数据传输。

数据实时收集与分析：通过物联网设备收集的数据可以实时传输到中心服务器进行分析处理，帮助场馆管理者更好地了解场馆的使用情况、能源消耗、人流量等信息，优化资源分配和运营效率。

远程管理与控制：基于物联网技术，可以对场馆内的设备进行远程监控和控制，减少人工巡检和维护成本。

#### 2.增强移动宽带技术

高速数据传输：5G 提供的增强移动宽带服务可以确保场馆内用户享受到

高速、稳定的网络连接，无论是观看高清视频、下载大文件还是进行在线交互，都能获得良好的体验。

多媒体内容传输：智慧场馆可以利用 5G 的高带宽特性，向用户提供丰富的多媒体内容，如 VR、AR、高清直播等，增强用户的参与感。

实时互动体验：通过 5G 网络，用户可以在场馆内参与各种实时互动活动，如在线投票、实时问答、多人游戏等，提升活动的趣味性和参与度。

3.关键任务通信技术

紧急响应与安全：在智慧场馆中，5G 的关键任务通信能力可以确保在紧急情况下快速、可靠地传输重要信息，如安全警报、疏散指示等，保障场馆内人员的安全。

高可靠性连接：对于需要持续、稳定通信的应用场景，如自动化控制系统、智能安防系统等，5G 提供了高可靠性的连接保障，确保关键任务的顺利执行。

低时延通信：5G 网络的低时延特性对于需要实时响应的应用至关重要，如远程手术、自动驾驶等。在智慧场馆中，这一特性对于需要快速响应的场景同样重要，如实时控制、紧急救援等。

综上所述，5G 技术在智慧场馆中的应用可以显著提升场馆的智能化水平、用户体验和运营效率。

## （六）云课堂服务

很多图书馆都有会议室，能为读者提供各种类型的讲座、培训等服务，但这不可避免地会受到空间、时间的限制。而 5G 能为智慧图书馆云课堂服务提供支持，较好地解决了互动体验不好、画面不够清晰、传输延时等问题。智慧图书馆的工作人员可对各种活动进行现场直播，同时在线录制并保存视频，还可实现与读者之间的实时互动。

## （七）精准推送服务

5G 技术与人脸识别等技术的结合可以在智慧图书馆等场景中高效获取读者的信息，具体体现在以下几点。

### 1. 高速数据传输

5G 网络提供了极高的数据传输速率，这意味着人脸识别系统可以快速地处理和传输大量的图像和视频数据。在图书馆入口、书架区或其他关键位置部署的人脸识别摄像头可以实时捕捉读者面部信息，并通过 5G 网络迅速上传到服务器进行处理。

### 2. 低时延处理

5G 网络的低时延特性对于人脸识别等需要实时响应的应用至关重要。系统可以在几乎同步的情况下对捕捉到的面部信息进行比对、识别，并快速反馈结果，如确认读者身份、检索借阅记录等。

### 3. 大规模设备连接

5G 网络能够支持更多设备的连接，这意味着图书馆可以部署更广泛、更密集的人脸识别系统，而不必担心网络拥塞或连接问题。此外，其他物联网设备（如智能书架、自助借还机）也可以与人脸识别系统配合使用，提供更全面的智慧服务。

### 4. 增强安全性与隐私保护

通过 5G 网络传输的人脸识别数据可以利用先进的加密技术进行保护，确保读者隐私不被泄露。同时，图书馆可以制定严格的数据使用管理制度，仅在必要情况下使用读者信息，并定期删除或匿名化处理数据。

### 5. 个性化服务

通过人脸识别技术获取读者信息后，图书馆可以提供更个性化的服务。例如，根据读者的借阅历史和偏好推荐相关书籍、提醒还书日期、提供个性化的阅读计划等。

综上所述，5G 技术与人脸识别等技术的结合为智慧图书馆提供了高效、安全、个性化的服务手段。然而，在实际应用中，图书馆需要权衡便利性与读者隐私保护之间的关系，确保在提供优质服务的同时尊重读者的隐私权。

（八）机器人服务

5G 的增强移动宽带、关键任务通信和大规模物联网等技术为智慧图书馆使用机器人提供了很好的技术支持。目前应用在智慧图书馆中的机器人可分为虚拟机器人和实体机器人。虚拟机器人在图书馆中主要是应用在网络参考咨询服务方面。实体机器人在智慧图书馆中的应用领域较多，可为读者解答问题、办理业务以及指引读者获取图书、服务等。同时，图书馆中的机器人还可应用在纸质图书盘点、图书获取、图书上架等多个业务领域。图书馆中的机器人可以进行重复性、精确度要求较高的业务工作。

（九）智能安防监控服务

智能安防是图书馆管理过程中非常重要的一环。保障安全是头等大事，是所有图书馆工作的前提。图书馆属于人流密集场所，所以确保图书馆各种设备与读者的安全显得尤为重要。在 5G 技术的支持下，智慧图书馆通过与监控系统、热感知系统、人流监测系统、警报系统等多系统相连，能够实时监测各种智能设备的运行状态，对发现的问题或潜在的问题进行自动报警或预警，从而做好安防工作。如在读者入馆之前，可实现对其体温的自动感知，对于发热人员不予入馆；通过监控抓取读者人脸信息，与公安系统登记的在逃人员或重点关注人员的信息进行自动比对，通过预警机制排除潜在的暴力或恐怖危险；对读者的吸烟行为进行自动抓取与提醒，以便及时排除消防隐患。同时，可严格控制在馆人数。当在馆人数达到一定数量时，则不再允许读者入馆。对已在馆内的读者，图书馆可感知其所处位置，当某区域内读者人数较多时，图书馆将通过系统进行个性化提醒。

# 第六节　区块链

## 一、区块链的内涵

2008 年，中本聪第一次提出了区块链的概念，在随后的几年中，区块链成了比特币（一种电子货币）的核心组成部分。从本质上讲，区块链并不是全新的技术，而是巧妙地对非对称加密算法、散列函数、P2P 网络、分布式系统的共识机制等进行了有机结合，构成了一个共享的分布式的数据库。

区块链具有去中心化、时序数据、集体维护、可编程和安全可信等特点，在金融交易、公共服务、数字版权、物流管理等领域有广泛的应用前景。

## 二、区块链的特征

### （一）去中心化

去中心化，又叫对等分布共识集中，是区块链最重要的特征。区块链技术采用了点对点的分布方式，这种方式赋予了区块链去中心化的特性。在传统的中心化网络中，数据和交易通常通过中心服务器进行处理和验证，而在区块链网络中，这些任务被分散到网络的各个节点上。

### （二）开放性

开放性也是区块链的一大特征。区块链以公开和保密为基础，对外开放但秘密控制。任何人都可以确认输入，但只有正确的区块链签名才能更改区块链数据。

## （三）独立性

区块链的元素之间通过哈希进行链接。每个区块通过指向上一个区块的链接进行管理，遵守验证区块的协议。因此，区块链不需要依赖第三方，可在区块内自动验证和交换数据。

## （四）可信计算

每个区块链的去中心化共识机制都支持单平面的资源的传播，以点对点的方式进行，允许计算机深层次信任。点与点直接决定信任法则帮助其继续相互信任，所以区块链最本质的作用就是充当一个透明交易的验证者，确保交易的真实性。

## （五）匿名性

区块链具有开放性的特点，可以将头部向所有人公开，但哈希却是私有的，任何节点的哈希都不需要公开，均匿名进行。因此，区块链的匿名性是相对的。

# 三、区块链技术在智慧图书馆的应用

区块链技术已经在很多领域得到应用，包括智慧图书馆。区块链为智慧图书馆的所有潜在读者提供关于数字内容和印刷馆藏的无障碍访问服务，同时确保每个读者的隐私和个人身份安全。主权身份是一种基于区块链技术的应用程序或解决方案，它使个人或组织能够对其数字和模拟身份拥有唯一所有权和控制权。随着越来越多的读者通过创建安全和私有的数字身份来访问智慧图书馆中的数字资源，区块链技术的重要性也日益凸显。

### (一)为图书馆构建元数据系统

区块链技术的去中心化特性使其成为构建真正分布式元数据系统的理想选择。由于区块链不需要中心化的信息,所以其可为智慧图书馆和相关组织构建真正的分布式元数据系统,并且任何组织都可以访问该系统。

### (二)保护数字优先销售权

区块链技术具有可证明的所有权和数字稀缺性这两个重要特性。区块链通过其独特的加密技术和去中心化的账本机制,为数字资产提供了明确且可验证的所有权证明。每种数字资产在区块链上都有一个唯一的标识符,这确保了资产的唯一性和真实性。所有权信息被记录在区块链上,并且可以通过加密签名等技术手段进行验证。这意味着只有合法的所有者才能控制和转移其数字资产,从而防止欺诈和盗窃行为发生。

此外,区块链技术通过限制数字资产的发行数量和流通方式,使数字资产具有稀缺性。这与传统的物理稀缺性有所不同,但在数字世界中同样具有重要意义。

建立在区块链上的权限管理系统是当前许多区块链项目的中心。在讨论数字版权管理(DRM)时,我们通常关注的是它如何平衡版权所有者的权益与用户的自由。传统的 DRM 系统往往受到批评,因为它们可能限制用户的自由活动并带来不便。然而,区块链技术为 DRM 提供了一个新的视角,可能改变这种情况。

对于图书馆而言,数字优先销售权是一个关键问题,尤其是在电子书籍和期刊的借阅与分发中。这一原则通常允许购买者自由处置他们合法购买的数字内容,但在实际操作中存在困难。

## （三）提供数字存储与检索服务

智慧图书馆确实可以利用区块链技术与星际文件系统（IPFS）结合，来提供更加高效、安全和去中心化的数据存储与检索服务。

1.去中心化存储

IPFS 是一个去中心化的分布式文件系统，它允许数据在多个节点上进行存储和共享。智慧图书馆可以将图书资源、学术文章、多媒体内容等存储在 IPFS 网络中，确保数据的持久性和可用性，同时避免出现单点故障。

2.内容寻址与版本控制

IPFS 使用内容寻址的方式，即每个文件都由其内容生成的唯一哈希值来标识，而不是通过传统的基于位置的文件路径。这种方式使得智慧图书馆能够轻松管理文件的版本，跟踪文件的变更历史，并向读者提供旧版本的访问服务。

3.增强数据隐私与安全

IPFS 的加密特性可以保护智慧图书馆中的敏感数据。通过使用端到端加密和访问控制机制，只有授权用户才能访问特定的文件和数据。区块链的不可篡改性进一步增强了数据的安全性，防止数据被恶意攻击和篡改。

4.提高数据访问效率

IPFS 网络中的节点可以相互协作，根据数据的流行度和访问模式来优化数据的存储和检索。智慧图书馆可以利用这一特性，提高用户对图书资源和其他学术内容的访问速度，提供更好的用户体验。

5.促进跨机构合作与资源共享

通过区块链和 IPFS 的结合，不同的智慧图书馆可以构建一个共享的数据存储和检索平台。这个平台可以跨越机构边界进行协作，实现资源的共享和互操作，促进学术研究和教育合作。

综上所述，智慧图书馆可以将区块链技术与 IPFS 相结合，实现去中心化、安全、高效的数据存储与检索服务。这种结合不仅可以提高智慧图书馆的运营效率，还可以促进智慧图书馆与其他机构的合作与资源共享。

# 第三章 智慧图书馆的服务

## 第一节 智慧图书馆的服务形式

### 一、基于资源建设的智慧图书馆服务

图书馆依托其丰富的馆藏资源提供形式多样的服务，因此高质量的资源建设对智慧图书馆服务工作的开展至关重要。当前，国内一些大型的智慧图书馆在智慧服务的目标下对馆内资源建设展开实践和探索，并获得了读者的认可与好评。

基于资源建设的智慧图书馆服务主要体现在以下几个方面：

其一，在资源内容组织方面，智慧图书馆对其馆内丰富的数据资源进行分析、重组和建设，除基于元数据中心、规范化数据库等实现资源的自动识别和获取外，还凭借自然语言处理、语音图像识别、机器翻译等对具体知识进行智能语义标引、智能摘要、机构库建设等。此外，知识计算引擎还可以实现对知识的自动获取，具备概念识别、实体发现、属性预测、知识演化建模和关系挖掘能力，形成多源、多数据类型、多知识领域的跨媒体知识图谱。

其二，在资源物理分布方面，智慧图书馆通过引入机器人技术，将传统的文献入库、上架、定位、清点等环节由人工操作改为机器人操作，实现了真正的无人书库。由机器人管理图书馆，不但效率高、出错率低，而且能对图书馆大数据进行智能分析，科学布局馆藏资源，做到智能分库，实现了书库全流程、全系统范围的自动化管理。

其三，在资源虚拟分布方面，为缓解资源存储利用的软硬件压力，智慧图书馆可以借助云计算技术，充分发挥其海量存储、高速计算、安全可靠、便于共享及无限扩展等优势，将馆内大量的信息资源置于云端进行存储。

其四，在资源建设主体方面，智慧图书馆更加强调读者参与，不断推动"图书馆—读者共同体"协同建设模式，让读者与馆员之间、读者与读者之间有机联动，使读者兼任资源的创造者和使用者角色，进一步扩大图书馆的资源范畴。

其五，在资源馆馆共享方面，各智慧图书馆间可实现战略合作，在统一的标准、技术和平台下，进行资源共享，互联互通，从而实现资源建设的规模化、资源供给的多维化。

## 二、基于技术突破的智慧图书馆服务

科学技术是第一生产力，也是智慧图书馆发展的基础。当前，将以大数据、物联网、人工智能等技术为代表的新技术应用到智慧图书馆的建设中，实现了人与人、人与物以及物与物之间的智慧联通，再加上智慧图书馆的深度学习与情境感知功能，可为读者提供个性化的服务，对传统图书馆的管理架构与服务理念产生了巨大影响。

基于技术突破的智慧图书馆服务主要体现在以下几个方面：

一是在移动服务方面，给读者带来了极大的便利。读者通过关注图书馆微信公众号或使用 App，即可进行书目检索、预约入馆、图书续借、在线咨询等操作，还可以参加讲座或读者培训等活动。

二是在图书借阅与评论阅读方面，可以为读者提供一定的参考。例如，某图书馆与豆瓣网合作，读者在扫描图书的条形码之后不仅可查出能否借阅该书，还能查看该书在豆瓣网的相关评论，进而更好地选择自己需要的书。

三是在人工智能方面，能为读者提供便利。例如某图书馆升级了学习语料库，为读者提供智慧虚拟馆员服务，如提供智能咨询、聊天与检索等服务。

四是在数字人文服务方面，智慧图书馆基于关联开放数据的相关技术，为读者提供了数字人文开放数据平台、历史文献众包平台等高水平的数字人文服务。

## 三、基于读者需求的智慧图书馆服务

满足读者需求是智慧图书馆建设的出发点与归宿，也是智慧图书馆开展智慧服务的目标，所以智慧服务应围绕着读者需求进行，以读者为中心。智慧图书馆在原有的个性化服务基础上，通过云计算、大数据等技术获取读者的用户画像，再将其与图书馆的资源、业务与流程等相结合，从而为读者提供基于其阅读偏好、需求等具体特征的个性化服务。

智慧图书馆的智慧化服务关键在于让读者能够更便捷地使用图书馆的各种资源，同时享受到更为优质、高效的服务，而不应仅仅是让图书馆更好地管理资源。故在以读者需求为导向的智慧服务建设中，应将读者服务模式由传统的借阅向以读者为中心转变，从而使读者服务能够更主动、更智能、更个性化，具体包括泛在智慧服务、个性化推荐服务和微服务等。

### （一）泛在服务

"泛在"具有经常遇到、广泛存在及无处不在等意思。泛在被使用最多的含义为不管任何时间、任何地点与任何方式都存在。智慧图书馆泛在服务是指读者在任何时间、任何地点都可获取自己所需要的服务方式。在互联网技术快速发展的情况下，读者需求由原始、简单地从图书馆发现信息向满足自身个性化需求的方向转变。智慧图书馆也应转变服务方向，将传统的单纯提供知识服务向借助云计算、物联网等新一代信息技术所形成的以智慧服务网络为基础的泛在服务转变。

## （二）个性化推荐服务

个性化推荐服务是一种有针对性的服务。具体而言，智慧图书馆依据读者的专业、知识结构、阅读习惯、浏览及检索记录、个人背景信息等，再根据馆藏资源为其提供个性化信息与知识推荐等服务。

依托大数据技术、云计算服务等，智慧图书馆能快速获取读者的兴趣爱好信息，从而给读者提供更加精确的推荐服务，将图书馆知识服务由被动变为主动。

## （三）微服务

微服务能对读者感兴趣的、使用较多的功能进行重点服务，具有服务拆分更细致、服务模块能够独立部署与维护、服务模块治理能力强等特点，具有当下移动服务的共性，也符合当下读者信息需求的随机性特征。

例如，在面向读者需求方面，重庆市图书馆进行了很多尝试。重庆市图书馆在智慧图书馆建设中强调"读者至上"的服务理念，其有三项微服务措施值得借鉴：一是与重庆市民信息数据库对接，完善图书馆读者信息，以此作为个性化服务的基础数据，通过用户画像主动推送信息；二是提供基于互联网的在线借阅服务，推出在线借阅与信用借阅等服务，无须押金即可借阅图书；三是根据馆内读者的活动轨迹进行个性化服务推荐。

# 四、基于空间再造的智慧图书馆服务

美国社会学家雷·奥尔登堡（Ray Oldenburg）于20世纪70年代提出"第三空间"的概念，认为居住场所为"第一空间"，工作场所为"第二空间"，其他场所为"第三空间"。一般而言，"第三空间"更强调其社交作用，具备高度包容、超时间开放、为人们提供心灵上的抚慰的属性。

智慧图书馆作为"第三空间"的重要组成部分，应能加强与读者的情感交流，为读者提供心灵上的抚慰与支持。所以，智慧图书馆在馆舍布局方面要考虑为读者提供能思考、创新、交流的场所。近年来，国内不少智慧图书馆都提供了学习共享空间、创客空间、城市书房、研究型空间等。

## （一）提供各种智慧体验空间

### 1.3D、4D 体验区

很多智慧图书馆都设置有 3D、4D 体验区，如 3D、4D 纪录片体验区，3D、4D 打印体验区，以及 VR 设备体验区等。例如，在 3D 打印机内放置金属、陶瓷、塑料、砂等不同的打印材料，打印机与电脑连接，通过电脑控制可以把打印材料一层层叠加起来，最终把计算机上的蓝图变成实物。通俗地说，3D 打印机是可以"打印"出真实的 3D 物体的一种设备，如打印出机器人、玩具车、各种模型，甚至是食物等。全新的室内感官体验不仅能够带给读者立体的视听享受，也能够激发读者参与阅读的热情，改变读者的阅读模式。

### 2.全新的视听体验区

很多智慧图书馆设有视听体验区，提供视频和有声读物等视听资源。其中，有声读物比较盛行，其顺应了时代发展的主流趋势，满足了广大读者的需求。智慧图书馆通过打造全新的视听体验区，将形式新颖、内容丰富的有声读物通过声音传递给读者，真正实现了解放读者的双手，使者用耳朵去学习，去享受生活，颠覆了传统的学习模式。

### 3.书法体验馆

书法体验馆是一个结合书法文化、历史、艺术和科技等多方面元素的场所，旨在为读者提供一个亲身感受、学习和体验书法的平台。其中，书法展示区主要展示各种书法作品，包括古代名家的真迹、现代书法家的作品以及不同风格的书法作品，让读者领略到书法的魅力。书法工具区提供各种书法工具，如毛笔、宣纸、砚台等，让读者可以亲手书写，感受不同工具对书写效果的影响。书法教学区配备专业的书法教师，提供书法课程和教学活动，让读者可以学习书法的技巧和精髓，了解书法的历史和文化背景。互动体验区通过科技手段，如虚拟现实、增强现实等，能为读者带来沉浸式的书法体验，让读者可以更加深入地了解书法的艺术魅力和文化内涵。文化交流区为读者提供一个交流的平台，可以与其他书法爱好者分享自己的心得和感受，增进彼此的了解。

总之，智慧图书馆的书法体验馆不仅可以让读者感受到书法的魅力，还可以提高读者的文化素养和审美能力，促进中华优秀传统文化的传承和发展。同时，书法体验馆也可以成为一个文化交流的平台，增进不同国家和地区之间的文化交流和友谊。

4.舞蹈教学体验馆

舞蹈教学体验馆利用 AR 技术使读者体验舞蹈教学。读者打开软件，摄像机会把捕捉到的影像显示到大屏幕上；利用体感设备，读者可以选择想要学习的舞蹈种类；选择舞蹈后，软件将预先录制好的教学动作展示出来，读者可以通过软件跟着"老师"学习不同风格的舞蹈。

5.虚拟拍照体验馆

虚拟拍照是利用绿背景抠像和影像合成技术实现的。只要在特定的背景下，用视频捕捉设备捕捉参与者的影像，计算机系统即可进行实时抠像处理，并通过图形分析系统把参与者的影像与虚拟场景相融合。读者伸出手就可以实现非接触式操控（远距离操控），不用直接接触屏幕，隔空触摸开始图标，即可进行虚幻的抠像拍照。

6.AR 增强现实体验馆

AR 技术是一种将真实世界信息和虚拟世界信息无缝集成的新技术，广泛运用了多媒体、三维建模、实时跟踪及注册、智能交互、传感等多种技术手段，将计算机生成的文字、图像、三维模型、音乐、视频等虚拟信息模拟仿真后，应用到真实世界中，两种信息互为补充，从而实现对真实世界的"增强"。

7.绘画体验馆

读者绘画的过程是锻炼手眼协调性的过程。在绘画体验馆，利用相关的软件与设备，所有绘画过程都能在触摸屏上进行，不过度浪费纸张。同时，这些相关软件还具有撤销操作，多种笔触、多彩颜色选择等功能，为读者提供了仿真的绘画空间,并带来了良好的绘画体验。读者在静态页面绘制的作品,通过多屏互动技术,静态的绘画作品会动起来,这种交互式的体验能够激发读者的创作激情。

8.国学体验馆

国学体验馆是一个致力于弘扬和传承中华优秀传统文化的场所,通过展览、互动体验、文化交流等形式,让读者深入了解国学文化的内涵和精髓。

在国学体验馆中,读者可以参观各种国学文化展览,了解中华文化的历史渊源、发展脉络和基本内涵。同时,国学体验馆还会设置各种互动体验项目,如传统礼仪体验、国学经典诵读、传统手工艺制作等,让读者亲身感受传统文化的魅力。

此外,国学体验馆还会定期举办各种文化交流活动,如国学讲座、文化沙龙、传统节庆活动等,为读者提供一个学习、交流、互动的平台,加强其对中华文化的认知和理解。

总的来说,国学体验馆是一个集展览、体验、交流于一体的综合性文化场所,是传承和弘扬中华优秀传统文化的重要载体。

9.智慧阅读空间

智慧图书馆可根据读者的阅读需求开设主题阅读空间,通过5G与互联网技术在虚拟空间中连接相关设备。读者只需在移动图书馆中设置个人或者小组的阅读需求,智慧阅读空间即会根据读者的需求设置相应的阅读空间,让读者在移动设备的虚拟空间中享受阅读过程。

(二)提供人性化的阅览环境

温馨舒适的阅览环境是图书馆受读者欢迎的重要因素,良好的阅览环境能让读者有一个好心情,从而提高读者学习和阅读的效率。智慧图书馆要为读者营造智慧且舒适的环境。首先,要强化智慧图书馆的人文环境建设,让读者进馆后有宾至如归的感受,从而融入图书馆的各种学习场景。其次,要重点关注读者在利用图书馆过程中的各种细节,包括处处设置温馨提示,让读者在使用图书馆过程中熟悉图书馆的各项服务和规则。例如，在座位预约 **App** 里设置震动提示以提醒久坐者起身放松休息，显示座位使用的剩余时间，继续使用需再次预约等；将开馆、闭馆广播设为动听的轻音乐；在相对独立且离书库较远的区域设置休闲咖啡书吧，为读者提供社交空间和饮品服务；在走廊、过道、空闲区域放置绿植或装饰物，用世界名画、书法或国画装饰墙面，既能让读者放松心情又能营造艺术氛围。

### （三）提供创客空间

创客空间是智慧图书馆的重要组成部分，体现了图书馆的创新精神和服务理念。创客空间是指图书馆为用户提供的一个开放、轻松、自由的学习和创造知识的物理空间，它集成了各种先进的电子设备和技术，旨在鼓励用户交流思想、知识、经验，并协同创造，为高科技领域创新创业用户提供线上线下互动交流和学习、工作的空间，形成汇聚大众智慧、跨区域资源整合及市场商业运作的创业集散地。该空间不仅是面向初级创客的教育与体验平台，更是面向中、高级创客的交流、合作、创业平台，它以虚拟社区、技术论坛、开源软件及现场体验为基础，为大众创业、万众创新提供机会和条件。

创客空间是推动创新创业的孵化器，主要为用户提供工作空间、网络空间、社交空间和资源空间；也可以根据用户个人需求来改造已有的创客空间，让有限的空间资源得到充分利用，为更多创业者服务；还可以寻求合作伙伴，与其他创客服务单位联手打造共享空间，既可以节约成本，又可以开辟新的创客环境。

在创客空间，用户可以自由利用图书馆提供的资源，发挥自己的想象力和创造力，实践自己的创新想法。这种环境有助于培养用户的创新意识和创新能力，提高其就业和创业能力，同时也促进了科学知识的广泛传播和跨学科研讨合作。因此，构建一个线上线下、内外合作的全方位、立体式创客空间，是智慧图书馆智慧服务的重要组成部分。

智慧图书馆可以利用创客空间对用户信息进行全方位收集，实现对不同类型资源的重组与二次开发，满足用户的深层次需求。此外，创客空间还可以引入各类新技术和新设备，如系统开发、移动阅读等，为用户感知和利用新技术、提高创新能力提供条件。

随着科技的不断进步和互联网的不断发展，创客空间将会越来越普及和重要。智慧图书馆应该积极利用先进技术，不断推陈出新，向用户展现最新的科技成果，为用户提供更加多样化的服务体验。同时，智慧图书馆还应该注重培养用户的数字素养和创新能力，使其更好地适应时代的需求，为社会发展做出贡献。

## 五、基于数据整合的智慧图书馆服务

### （一）统一的读者身份认证

通常情况下，用户在使用各服务系统时都需要先进行登录认证，如果各系统间缺乏统一的身份认证，就会产生不兼容及使用不畅的后果，给用户带来不便。因此，构建统一的读者认证模块，进行读者、各类资源与应用服务的统一管理，就显得十分必要。智慧图书馆应先建立包括读者和员工的人事管理系统，所有登录用户都应基于此系统进行身份认证，并将各应用服务子系统、各类数据资源管理系统互通互融，打破应用服务之间以及应用服务与资源之间的屏障，实现资源与应用的有效整合。读者在第一次登录成功后，即可获取智慧图书馆各类服务的授权，避免在不同系统间切换登录。

统一的读者身份认证既保证了系统的安全性，又方便了读者对各类资源与应用服务的使用。该模块采用标准接口，便于动态扩展成熟的应用模块，可以实现智慧图书馆服务生态系统的业务自组和模式自选。

## （二）基于元数据的索引

融合与共享是智慧图书馆的重要特征，"本地镜像安装＋云端服务"是智慧图书馆服务生态系统的主要部署方式。本地服务存储适用于读者的使用体验及服务的元数据索引，有利于在本地服务元数据索引与服务内容源数据之间建立联系。为降低对数据库提供商及各应用服务提供商的各种分散性应用服务的依赖，智慧图书馆可以创建面向所有读者的资源服务平台，从而形成统一的读者使用入口。

# 第二节　智慧图书馆的服务基础

## 一、开放的资源环境

互联网的精神理念包括开放、平等、协作、共享，这些理念共同构成了互联网精神的内核。智慧图书馆的服务依托互联网技术，也需要为用户提供一个开放、平等、协作、共享的资源环境，为图书馆事业的发展注入新的活力和生机。

数字化时代，文献信息资源存储不再局限在建筑物理空间范围内，而是向更广泛的网络虚拟空间拓展，用户只需一部能上网的智能手机，就可以在任何地方、任何时候浏览图书馆的信息资源。但目前由于受图书馆管理制度及知识版权限制，很多时候图书馆仅仅服务于本馆特定的注册用户。如何提高资源利用率和服务更广泛的人群，是智慧图书馆需要重点解决的问题，具体来说，可以从以下几个方面入手。

## （一）整合资源类型

智慧图书馆信息资源包括两类：

一类是本馆数字资源，如本馆馆藏资源、商业数据库、自建数据库等。这类数字资源具有专业性、规范性和封闭性的特点，需要优化资源组合、加强数据融合、重构服务系统，通过对数据、信息、知识等资源的规范和统一，形成标准化、易操作和可检索的新资源，提升用户对数字资源的利用率。

另一类是非本馆资源，如网络资源、开放获取资源、试用数据库资源及其他动态信息资源。这类数字资源具有散乱性、复杂性和易逝性的特点，整合这类资源相对比较困难，需要通过专业软件的辅助和图书馆馆员长期不断的收集，虽然难度大，但其利用价值是无法估量的，对补充馆藏资源信息具有重要作用。

智慧图书馆通过数据资源加工、分类和整合，可以将各种各样、纷繁复杂的数字资源统一标准，形成规范的可供检索的数字资源，为用户提供内容新颖、来源丰富、种类完善的文献信息服务。

## （二）简化注册流程

当前，一些数字图书馆为了保护知识产权和数据资源安全，会设置一系列注册手续，限制用户行为和权限，这在一定程度上虽然保护了图书馆信息资源的安全，但也降低了用户使用图书馆数字资源的意愿，因为一系列烦琐的注册手续会占用用户过多的时间和精力。在能阻止恶意下载和病毒入侵等卑劣行为的基础上，智慧图书馆可将权限公开至用户浏览检索这一级，让用户不需要注册就可以检索和浏览图书馆的数字资源，用户如果想进一步了解信息资源，就需要完成注册、认证等流程。

### （三）开放资源权限

智慧图书馆强调资源共建共享，这种共建共享不仅是图书馆与图书馆之间的资源合作共享，而且是用户与图书馆之间，甚至是用户与用户之间的资源传递与交换。但传统图书馆为了维护自身利益，往往设置了很多资源获取权限，如非本馆读者不得进入图书馆资源系统、非本馆人员不得进行资源修改，这必将限制用户获取和使用资源的权利，也很难让有限的资源服务无限的用户。如果图书馆能将一些有利于大众的、具有公共教育价值的文献资源利用权限放开，让更多用户去利用、转发、传播和创新，使资源得到不断更新、丰富和发展，就会让更多用户受益，图书馆也能更好地发挥为社会服务的作用。

图书馆作为一个公共服务事业单位，有权利和义务为所有用户提供平等的资源利用服务，这种平等服务，既包括为各类人群提供服务，又包括为各个地方提供服务。智慧图书馆的建立为实现全社会公民平等利用资源提供了机会和条件。

### （四）免费获取资源

智慧图书馆主要是通过数字阅读向公众提供服务的，相比当前比较流行的微信阅读、豆瓣读书、网易云阅读、微博阅读等阅读平台，图书馆数字阅读还处于不断完善的阶段。要在智能手机不断普及、移动阅读越来越方便的数字时代抢占数字阅读推广先机，智慧图书馆就要提供大量免费、长效，且有深度的数字阅读资源，吸引用户从短、平、快的浅阅读，向更专注、更深刻的深阅读转变，这样才能展现图书馆系统性、知识性和专业性的优势。

智慧图书馆为用户提供使用方便、获取快捷、易于阅读的免费资料，使用户在开放的阅读环境中增加自由选择的权利，可以帮助用户在知识应用的过程中进行创新。

智慧图书馆为用户提供的免费资源应包括三类。一是科普类阅读材料。这类读物具有较强的知识性和专业性，对开发智力和创新知识具有重要意义，免费开放这类读物，对扩大用户知识面、提升用户专业素养很有帮助。二是经典类阅读材料。经典作品是经受过时间考验而保存下来，具有经久不息的生命力和影响力的作品。阅读经典作品可以启迪用户智慧、塑造用户品德、规范用户行为，有利于社会营造一个健康有序的和谐环境。三是生活类阅读材料。这类材料可以指导用户掌握日常生存和生活技巧，可使用户改变观念、热爱生活、陶冶情操、珍惜生命。

## 二、交互的共享空间

### （一）信息资源共享空间

随着互联网的发展，图书馆与图书馆之间、图书馆与其他机构之间的交流和协作变得更加便利和频繁，信息资源共享活动也变得更加活跃。智慧图书馆要拓展信息资源利用率，最大限度地满足用户对信息资源的需求，就需要不断拓展信息资源共享空间。

所谓信息资源共享空间，是指以数字化信息资源为背景，通过对图书馆技术、资源和服务的有效整合，为信息供需双方设计的一个协同工作空间。智慧图书馆既要拓展本馆信息资源空间，又要拓展非本馆的网络信息资源空间，为用户提供一个弹性的信息资源共享和交流空间，而用户通过这个空间，既可以完成对信息资源的下载、利用、评价和分享，也可以在此基础上独立开发新资源，或与志趣相投的爱好者协作完成开发。

信息资源共享空间为用户提供了一个广阔的资源利用和分享平台，用户不再局限于从智慧图书馆自身来获取信息资源，而是可以从资源提供者手里直接获取信息资源，而智慧图书馆则协助用户获取或共享更多信息资源，开辟更广阔的资源获取空间。

## （二）知识学习共享空间

相对于信息资源共享空间而言，智慧图书馆知识学习共享空间的服务等级会更高一些，前者着重于"物"，后者则更着重于"人"。针对用户需求的知识学习空间不仅包括实体学习共享空间，还包括虚拟学习共享空间。很多传统图书馆都有实体学习共享空间，并发挥了相应的作用，如为用户提供面对面的学习探讨场所、为用户研习提供专门的服务场所、为用户作品创作提供特殊的展示场所等。虚拟学习共享空间是近年来智慧图书馆重点拓展的业务，其利用互联网新兴技术，让用户能通过虚拟网络获得现实感、场景感和参与感，从而提升自身的学习体验，并通过网络向其他用户分享这种感受，让更多用户参与进来。

虚拟学习共享空间与实体学习共享空间相比更节能环保，更注重用户自身学习感受和效果，更多考虑用户在线学习的便利性。因此，智慧图书馆知识学习共享空间更偏向促进用户知识创新与共享行为的发生，满足用户个体专业成长的需求。

## （三）公共文化共享空间

智慧图书馆开辟公共文化共享空间不仅能够为用户带来认知、反思和感官上的体验，而且能为用户带来深层次的信息、知识和智慧服务，是对传统图书馆的一种超越。

首先，它能为用户提供一个安静的公共场所，满足用户终身学习的需要。一些有代表性的图书馆不仅保留着一座城市的历史和文化，也是该区域人们的精神家园。智慧图书馆的公共文化共享空间能够为用户提供一个长期免费、无障碍、零门槛的终身学习场所，它给予了用户平等享受公共文化的机会，任何人都可以免费享用其提供的资源、设备和技术服务，也可以在图书馆学习各种专业知识，借助图书馆浓郁的学习氛围督促自身学习。

其次，公共文化共享空间不仅是实体的，也可以是虚拟的，它可以通过为用户打造一个泛在的虚拟空间，满足用户碎片化阅读的需要。5G 技术高速率、低时延和超大连接的通信传输特点为智慧图书馆打造万物互联、人机交互的公共文化共享空间提供了条件，用户通过一部智能手机就可以随时、随地、随意地浏览图书馆的信息资源，在等餐、排队、坐车或等人的碎片化时间进行信息浏览或阅读。

最后，智慧图书馆的公共文化共享空间通过与咖啡馆、银行、地铁、酒吧等商业部门合作，可以满足用户放松身心的需求。在这里，他们可以随性地喝一杯咖啡，自由地和朋友交谈，休闲地听一段音乐，从烦琐而枯燥的生活和工作中暂时解脱出来，去放飞思绪、遨游书海和畅谈交流，享受身心的愉悦和精神的放松。

## 三、智能的服务手段

### （一）智能资源服务

资源是图书馆的基础，它的数量、质量、类型及存储方式决定着图书馆的服务水平。智能地获取、整合、维护、发布数据资源，对提升信息资源的时效性和利用率具有重要意义。智慧图书馆智能资源服务就是智慧图书馆充分利用先进科技手段迅速地捕捉、整合、存储、管理、保存和出版数据资源，将静态的馆藏资源变成动态信息资源，将开放获取资源变成本馆规范管理资源，形成互联互通、共建共享的信息资源服务主体，让自身跨越时空限制，使资源服务在互联网上无限延伸。

智慧图书馆智能资源服务主要由资源采购、自主服务和用户分享三个方面组成。

1.资源采购

资源采购一方面通过人工智能和大数据分析，精准掌握用户对资源信息的需求，利用在线系统让用户自主完成文献资源的采购任务，并利用系统自动完成审核、验收、编目和存储等业务，减少人工参与和影响；另一方面通过虚拟现实技术对馆藏书目及电子资源进行"虚拟书架"呈现，利用智能检索技术代替烦琐的人工查找，既可精确选购数字文献资源，避免重复采购，又可自动完成订购，减少人力支出。

2.自主服务

自主服务是智能资源服务的主要内容，包括自助申购、自主借还、自主分享等。用户利用图书馆在线采购系统，既可自助采购资源，也可自主贡献资源；通过自主借还系统或在线网借服务，将自己感兴趣的数字资源加入个人图书馆，利用电子阅读设备完成阅读、标注、摘录、点评、转载等阅读活动。除此之外，用户还可对感兴趣的话题发表观点，或与其他用户一起深入交流和探讨。

3.用户分享

用户分享是图书馆利用微信、微博、QQ等社交工具，发挥用户自媒体传播作用来提升资源利用率，利用明星效应、朋伴影响和熟人社交等手段来分享和推荐图书资源，达到一传十、十传百、百传千的效果。

总之，智能资源服务是智慧图书馆最基本的服务手段之一，其服务效率的高低直接关系着智慧图书馆的服务质量。智慧图书馆应充分利用智能技术提升服务效率，减少人力资源成本投入，激发用户参与的积极性。

## （二）智能技术服务

21世纪，各种与人们生活息息相关的日常事务都离不开智能技术的支撑，智能化服务在给人们带来便利的同时，也促进了社会经济的发展。智慧图书馆中的用户画像、人脸识别、情景感知及虚拟现实等都是智能技术在图书馆的应用实践，它为图书馆智能服务带来了新体验和新契机，并助力图书馆新业务不断开拓与创新。

1.用户画像

用户画像是指智慧图书馆为了深入了解用户特征、预测用户真实需求、激发用户潜在需求等，在一系列真实数据的基础上通过描述用户特征、需求和偏好，构建的目标用户模型。

用户画像是近年来随着新一代信息技术发展而衍生的新课题，虽然研究时间短，内容也不够深入，但它实用性强，能解决用户面对海量数字信息资源难以决策的问题。智慧图书馆可以利用大数据、数据挖掘算法及知识组织建模等技术手段，根据用户背景、爱好、习惯、行为等因素，通过"数据化—标签化—关联化—可视化"的呈现过程，构建用户画像，为图书馆精准推送、准确宣传、参考决策提供依据。

2.人脸识别

人脸识别俗称"刷脸"，是一种人脸生物特征识别技术。各种应用软件可以通过人脸识别来进行用户身份鉴定，现实生活中微信、支付宝等提供的刷脸支付功能，具备便捷、安全的优势，能方便用户资金交易，缩短支付时间。目前，人脸识别技术已广泛应用于安检、住宿及医疗支付等领域，给人们的生活带来了便利。

3.情景感知

情景感知是指通过传感器及相关技术使移动终端设备"感知"到当前用户的情景，依托服务器强大的数据分析功能作出合理的反馈。它是一种新兴的信息处理技术，分为单元情景感知应用阶段、情景感知应用系统初级阶段、情景感知应用系统高级阶段三个发展阶段。

在智慧图书馆的建设中应用情境感知技术，最初是将 RFID 技术应用到自助借还图书、馆藏管理、门禁系统等方面，使感应数据适时传入计算机中，进而掌握用户的活动轨迹及行为习惯等信息。随着单元情景感知技术的成熟，情景感知应用系统得以在图书馆构建，并开始发挥优势，推动图书馆转型和变革。它基于人机交互模式，能够随时掌握用户动态和需求，及时为用户提供情景感知的场景服务、推荐服务、咨询服务和自主服务等。

全面深入研究情景感知理论和技术，对提升用户服务质量具有重要意义。情景感知服务具备的智能性、主动性、情景自适应性等特征决定了它将拥有良好的发展前景。

### 4.虚拟现实

虚拟现实是一种利用计算机仿生、三维图像等新兴技术创建的模拟环境和虚拟体验平台。它通过创建逼真的虚拟世界，使用户可通过视、听、触等多种感官与其中的物体进行交互，产生身临其境的感受和体验。

智慧图书馆虚拟现实技术作为一种创新服务手段，能够为用户带来全新的体验，它所拥有的沉浸性、交互性和想象性三个特征能够激发用户的无限想象，让用户在虚拟的环境中获得和现实世界一样的感受。

例如，虚拟馆藏导航可以带领用户在虚拟图书馆里四处漫游，虚拟在线阅读可以让用户随意选择自己感兴趣的阅读材料，虚拟远程咨询可以让用户通过远程视频对话随时提出问题并得到及时解答，虚拟教室可以让用户倾听名师名家的授课等，而且这种虚拟现实环境让用户更加放松和自由，不会感到陌生拘束，也不会有社交焦虑，更能激发用户主动参与的积极性。

未来，随着人工智能和5G技术的发展，虚拟现实技术将得到进一步发展，三维立体化资源呈现、360度超清全景互动直播和远程虚拟空间云课堂等，都能给用户带来丰富的体验。

### （三）智能需求服务

智能需求服务是一种按需和主动的智能服务，它依赖于后台积累的数据，构建需求结构模型，并且进行数据挖掘和商业智能分析，进一步了解用户的隐性需求，主动为用户提供精准、高效的服务。这种服务需要的不仅是传递和反馈数据，还需要系统进行多维度、多层次的感知和主动、深入的辨识。总的来说，智能需求服务是一种新型的服务模式，它利用先进的技术和数据分析手段，为用户提供更加个性化、更加高效、更加安全的服务体验。

当前，许多电商在对消费者的智能需求服务方面比较重视。例如，当消费者输入想购买商品的关键词时，系统就会自动匹配出相近关键词供其选择；当消费者点击进入商品页面时，相同或相似的商品就会展示出来；当消费者退出选择页面后，系统也会时不时地跳出一些商品推荐页面，推荐的是消费者曾关注过的商品，这一切都是计算机根据用户需求智能识别的结果。

智慧图书馆可以借鉴电商智能需求服务模式，拓展智能识别、智能追踪、智能推荐、智能决策的范围和内容，用智能服务满足用户的内在需求。

1. 智能识别

智能识别是指图书馆通过部署一些智能感知、存储、计算、网络等基础设备，捕捉一些重要数据信息，如用户身份、出入门禁、借阅内容、资源利用、访问时长等完整、有效、合法信息，然后对这些数据信息进行组织、清洗、校验、加工、抽取、存储及备份，从中分析出用户的专业、特长、时间、位置等信息，了解用户兴趣、偏好、习惯等，推送有价值的信息内容供其选择。

2. 智能追踪

智能追踪是指利用搜索定位技术来确定物品或人物的活动轨迹，该技术经常应用于物流领域，商家或消费者可以通过查询物流系统，来追踪货物，掌握货物运输的全程动态。智慧图书馆也可以借鉴这一做法，通过智能系统来追踪用户的行为动态，了解用户搜索、查阅、借还、关注及访问情况，追踪用户行为习惯、活动规律、参与欲望等，为后期推送个性化服务提供依据。

3. 智能推荐

智能推荐是基于大数据和人工智能技术，在数据和算法驱动下，为用户提供的个性化智能推送服务。传统的推荐服务存在工作效率低、推荐误差大的缺陷，而智慧图书馆的智能推荐服务依靠海量数据挖掘、云计算及人工智能高效算法，对用户的访问时间、访问内容、访问次数等主题进行分析，了解用户访问行为、目的和需求，对同一用户的不同访问方式或对不同用户的相同访问方式进行分类整理，使访问信息与用户需求建立联系，从海量访问数据中筛选出有价值的数据，寻求用户感兴趣的信息，并利用协同过滤算法进行内容推荐。

4. 智能决策

智能决策是以信息技术为手段，通过大量原始信息数据积累，利用云计算庞大的存储空间和强大的计算能力，对海量信息数据进行分析比较，为管理者作出正确决策提供帮助的智能人机交互过程。智慧图书馆利用相关技术，通过对知识的提炼、过滤、精简和管理，向用户提供有效的决策支持，不需要人为干预，只需依靠决策机器人来自动化管理、跟踪、评估和反馈，最终达成决策目标，协助用户更好地分析和解决问题。

（四）智能管理服务

智能管理是人工智能与管理科学、知识工程与系统工程、计算机技术与通信技术、软件工程与信息工程等多学科、多技术相互结合、相互渗透而产生的一门新技术、新学科。它利用计算机技术来提升管理效益，达到管理的高度智能化。物联网、大数据、云计算、人工智能等新兴技术为智能管理注入了新的活力，使其呈现出无人化、无纸化、自主化及移动化的特点，不仅减少了人力资源投入，而且提升了管理效益。

例如，智能物流仓储管理可以实现 24 小时无人值守仓库订货、货物入库、货物管理和货物出库的高效服务；智能停车场管理通过一卡通自动识别车辆信息，实现自动语音播报、收费、抬杆、计时等功能，使停车变得方便快捷；智能楼宇管理通过自动控制系统，实现建筑物内设备的远程监控，确保设备运行正常，降低运行能耗。

智慧图书馆借助智能设备和智能系统，可实现 24 小时无人值守管理、自助借阅管理、虚拟远程管理、机器人服务管理等，最大限度地减少图书馆人力资源投入，提升图书馆服务效率，拓展图书馆服务渠道，扩大图书馆服务范围，使图书馆管理更加人性化、智能化和智慧化。

1.24 小时无人值守管理

24 小时无人值守管理在超市、银行、健身房、洗车房等场所已相当普遍。在智慧图书馆，用户可凭身份证、市民卡自助完成办证、借阅、续借、还书等服务，获得一种全新的阅读体验。该项服务在解决公共文化发展不平衡、不充分问题，推动公共文化服务均等化，推广全民阅读等方面具有重要意义。

2.自助借阅管理

自助借阅管理可分为线上和线下两种服务方式。

线上服务主要依靠自助借阅管理平台来完成。用户可以通过该平台进行认证和注册，在线借阅电子图书，在线进行浏览、下载、阅读、标注、评论和转载等，还可以通过微信、支付宝等对收费项目进行结算，并通过联网书目系统，对图书进行自助借阅和归还操作。如果需要纸质本，也可以通过该平台提出申请，图书馆将以"快递到家"形式将图书送到用户手中。

线下服务主要依靠智能自助借还机来完成。这是图书馆为了提高智能化管理水平，实现一站式管理、通借通还和提升服务效率而采用的新型管理方式。它将 RFID 技术应用到图书馆，代替传统磁条和条码管理系统，这不仅能方便用户自助借还、提升图书馆服务效率，还有利于大批量图书的高效流通。

3.虚拟远程管理

虚拟远程管理是依靠"AI＋5G"技术而产生的一种新兴管理模式，智慧图书馆利用人工智能虚拟现实与5G超清视频传送技术，使用户即使在偏远地区也能利用发达地区的图书资源，特别是对于那些需要到偏远地区进行实地考察的科研人员，无论身在何处，只要有需要，就可以登录图书馆虚拟远程管理系统，查找自己需要的资料。

这种管理模式也特别适合具有分馆的图书馆，无论分馆开在哪个地方，用户都可以通过虚拟远程管理系统，享受到同总馆一样的待遇，从而解决因地域差距而引起的资源分布不均问题，不但可以节约图书馆采购成本投入，而且可以方便用户平等享受公共资源。

4.机器人服务管理

机器人服务管理涉及多个方面，包括机器人技术、人工智能、自动化、数据处理等。它主要关注如何有效地设计、部署、维护和管理机器人系统，以提供高效、准确、可靠的服务。

（五）智能社会服务

基于智慧图书馆的智能社会服务是指图书馆利用智能技术，为社会公众提供智能化、个性化的信息服务。这种服务模式旨在提高图书馆的信息服务水平和效率，满足社会公众对于信息的需求，推动社会的发展和进步。

现阶段，智慧图书馆的智能社会服务包括决策支持服务、科学研究服务和产品研发服务。

1.决策支持服务

决策支持服务是指智慧图书馆利用图书馆情报服务能力，为知识用户提供特定的专题服务，如内容揭示、知识加工、数据挖掘及产业动向等，将一些潜在、隐性、深层的知识通过人工智能手段提取和揭示出来，形成有价值的信息，为政府、企业、社会团体提供智力支持和决策参考。

2.科学研究服务

科学研究服务是对知识发现和创造过程的支持和协助，图书馆通过打造"专家系统＋深度学习"平台，将原创自主的专家系统与深度学习技术融合，实现人的大脑优势与机器学习相结合，对信息动态关联、用户应用场景识别、知识资源重组及前沿学科自动跟踪等进行开发，为研究型用户提供各学科领域的最新研究动态、当前研究热点及未来研究走向等信息，并提供虚拟交互空间，实现知识交融和智慧碰撞。

3.产品研发服务

产品研发服务是协助科研团体和企业机构将科研成果转化为社会生产力，将抽象知识产品转换为具体实用成品的服务。智慧图书馆利用智能工具将分散在产品领域及相关领域的专业知识加以集成，从中提炼出对研究、开发和创新有用的"知识精品"，协助科研团体和企业机构寻找知识增长点，将隐性知识转化为显性实践，缩短产品研发周期，提高产品研发效率，提升产品含金量。此外，智慧图书馆还可以通过服务场景设置，以及人工智能技术，为科研团体和企业机构提供智慧感知、资源获取、信息分享等创新型服务，确保产品的持续更新和改进。

## 四、深度的知识融合

知识融合是智慧图书馆智慧服务的主要内容,是根据用户知识需求,利用智能网络技术动态搜寻、组织、重组、分析、整合、输出、创新知识产品,为构建更科学的知识体系而提供的智慧服务。它能为用户知识应用与知识创新提供解决方案、决策支持和灵感。

相较于传统知识融合,深度的知识融合加入了大数据、云计算、人工智能及5G等新兴技术,使知识覆盖面更广、知识信息更精准、知识服务效率更高、知识启发性更强。

深度的知识融合包括知识组织、知识发现、知识服务和知识转化。

### (一)知识组织

知识组织是对知识资源进行有效控制与序化,使知识从无序状态走向有序状态,促进知识传播与利用的过程。它包括知识来源、知识定位和知识序化。

#### 1.知识来源

知识来源是知识组织的基础保障,它来源于数据和信息,其数量多、范围广、增长快,包括多来源、跨领域、大规模的异构数据,只有通过知识组织准确、智能的分析和提取,以及知识处理技术的揭示、共享、关联和发现,才能形成新知识和新方案,为决策提供精准服务。

#### 2.知识定位

知识定位是知识组织的指导目标,是一种可以使用户或其他系统组件找到网络上相关知识的机制。通常利用智能设备进行追踪、发现、抓取、过滤、整合和利用,并加入个人和组织的经验、推理规则、融合思维等,使知识发现更及时、知识关联更密切、知识筛选更准确。

#### 3.知识序化

知识序化则是知识组织的核心内容,是指知识体系的所有组成元素按照特定的逻辑规律以一定的顺序进行排列的过程，包括结构有序化和功能有序化。智慧图书馆所强调的知识序化是对知识客体所进行的整理、加工、引导、揭示、控制等一系列组织过程，并对知识进行规范和控制，避免知识过于分散，形成有序的知识单元，从而更利于学习知识。

在信息化时代，智慧图书馆应充分利用智能技术手段将分散、庞大和复杂的异构数据源进行关联，对其进行分析与综合，从内容、层次等方面加以提升，从而生产出更高层次的综合知识产品，为用户知识创新提供参考。因此，互联网时代的知识组织，更多依赖智能手段和信息算法进行，在深度、广度和强度上都远远超过以往的做法，为智慧知识服务的拓展和延伸提供了保障。

（二）知识发现

信息社会的网络信息瞬息万变，并无规律可言，这使知识发现比任何时期都更困难。知识发现就是从海量知识数据中，去揭示和提炼有效、新颖、隐含的知识内容，将其进行聚类、分类和关联，根据用户需求而提供个性化决策服务。智能知识发现则是通过人工智能和核心算法对大数据进行挖掘、对关联数据进行耦合、对深层次数据进行揭示，将海量、多样、高价值的数据转化为有价值属性和决策优势的知识数据，为智慧体系构建、智慧服务管理、用户需求感知及智慧定制与推送等提供决策支持服务。

1.大数据的挖掘

数据挖掘技术是高效利用数据的核心技术，是知识发现的一个重要步骤。互联网的发展使图书馆产生了海量数据，这些数据包括业务流程数据、知识资源数据、用户数据等，具有多源、异质、复杂的特征，增加了数据挖掘的难度，如何有效过滤无用数据干扰，并高效提取有用数据是大数据挖掘的关键，只有通过对用户群、用户兴趣、学科知识、业务关联等数据的挖掘，采用人工智能分析和机器学习算法，对这些结构化和半结构化的大数据进行采集、计算、分析、过滤、提取和存储，才能甄别出有价值的数据，为智慧决策提供支持。

## 2.关联数据耦合

关联数据耦合是指将两个或两个以上有关系的数据进行联结,并辐射出更多数据之间的联系,从而形成一种相互作用、相互影响的关系,犹如互联网的超链接,点一个数据链接,就可以不断辐射出更多的关联数据链接,形成千万个有关联的数据闭环。关联数据是揭示知识联系的主要方法,互联网时代的关联数据通常由计算机去理解、处理和计算,并自动找到数据之间的关系,形成被用户所理解的数据集合,实现人机之间的交互处理,这对知识的智能搜索、表达、转化和维护等都具有重要意义。

## 3.深层数据揭示

知识发现包含算法和可视化两种方法,大多数基于算法的方法在人工智能、信息检索、数据库、统计学、模糊集和粗糙集理论等领域都有所发展,而可视化方法则需要对深层兴趣、隐性需求及潜在知识进行揭示启发,即利用机器学习来广泛收集用户信息数据、深度挖掘用户爱好数据、精准分析用户行为数据,并通过机器算法形成可理解的文本、声音、图像等显性知识信息,为智慧决策和智慧服务提供帮助。

## (三)知识服务

智慧图书馆的知识服务是以用户需求为驱动力的,突破了时间、地点、成本的限制,加入人工智能及云计算技术,呈现出主体多元化、方式智能化、覆盖泛在化、内容智慧化的特征,其服务模式已由静态转向动态、由专业转向综合、由封闭转向开放、由被动转向主动,主要内容包括智能感知、智慧搜索、智慧推荐、智慧展示及评价反馈等,为用户提供自助式知识导航、关联性知识检索、场景化知识推荐、个性化知识推送、组群式知识共享、深度嵌入式知识咨询、自动化知识问答等服务,在知识传播、知识生产和知识创新中起着重要作用。

### 1.智能感知

智能技术的敏感性为智能感知的实现提供了条件,随着 RFID、红外线感应、蓝牙等技术的完善，有关用户身份、特征、活动、时间、地点的信息数据能够被及时收集，形成具有唯一识别特征的用户数据画像，为后期用户的精细化管理、精准化营销和知识服务提供准备。智能感知是知识服务的前提和基础，只有通过智能感知设备精准掌握用户动态特征，及时了解用户需求，才能提升知识服务效率。

2.智慧搜索

用户通过智能终端设备主动嵌入图书馆的搜索引擎，搜索各种形式的电子资源，如文档、图片、声音、视频等资料，不受时间和空间限制，同时能够保证搜索可靠性和全面性，避免在大量数据中做无效搜索。智慧搜索缩短了知识服务时间，为用户节省了更多精力，使其能在短时间内获得大量有效信息，为知识生产和知识储备提供了条件。

3.智慧推荐

基于知识服务的智慧推荐包括三大模块：以知识库为核心的智慧推荐、以需求为核心的智慧推荐和以用户为核心的个性化推荐。这三大模块是根据资源知识挖掘、用户深度需求和用户心理行为规律而得出来的，在推荐内容的权威性和专业性、用户深度需求预测及个性化推荐体验等方面具有决定性的作用。以知识库为核心的智慧推荐可以提高资源利用率，并使用户获得更权威、更专业和更有价值的知识信息；以需求为核心的智慧推荐则通过比较用户相似性和差异性，明确用户显性和隐性、明确和模糊的需求意愿，掌握用户需求规律，预测用户未来的需求方向，向用户提供特殊的个性化知识信息；以用户为核心的个性化推荐是根据每个用户的独特画像，为其提供人性化、个性化的知识推荐，提升用户的满意度和黏着度，并充分调动用户的积极性和主动性。

4.智慧展示

智慧展示是指将枯燥的知识以图片、影音及动画等形式进行展示，也可以用 AR、VR 等虚拟现实技术进行展示，让知识传播的过程更加生动、活泼、有趣。例如，智慧图书馆通过虚拟现实技术展示珍贵古籍的原始风貌、还原历史场景等，使用户能够更加深入地了解和感受知识的魅力。

总之，智慧图书馆的智慧知识展示是一种将传统图书馆的知识展示方式与现代信息技术相结合的全方位、多维度的展示方式，提高了知识展示的效率和用户体验。

5.评价反馈

评价反馈是对知识服务效果的检验与总结，智慧图书馆利用智能评价反馈系统，自动收集、获取用户对知识服务的感受和体会等大数据，将用户感兴趣的知识资源、喜欢的知识服务方式、关注的前沿知识热点等数据汇集起来，通过大数据筛选及云计算提炼，形成可参照的可靠数据，并与用户需要的知识服务进行比较分析，评估图书馆需要提供什么服务、怎样提供服务、服务的效果如何，并通过智慧终端推送来了解用户的兴趣及其接受程度，从而为改进服务方式和完善服务内容提供参考。

### （四）知识转化

知识转化是知识融合的最终落脚点，是知识形态的变迁和知识客体的自我更新，在知识生产和知识传播中起着举足轻重的作用。如果没有知识转化，知识生产就只能以抽象的理论形式存在，体现不出知识应有的价值，而知识传播也只能局限在短时期和小范围内，知识会因缺乏转化活力而不能得到长期、广泛、持续的关注。

知识转化过程主要包括隐性转向显性、显性转向智能、智能转向智慧和智慧转向价值四个过程，使知识得以"转知成智、转智成慧"，实现知识的价值增值，并转化为社会生产力，进而推动人类社会的发展。

1.隐性转向显性

隐性知识是潜藏在用户内部的高度个体化的知识，包括用户感知、认知、记忆、学习的内隐知识，其蕴含着创新创造的潜质；显性知识则是能明确表达和传播，并能被学习和传授的知识，包括语言、文字、公式、符号等外显知识，是人类智慧的结晶。隐性知识转化为显性知识不仅能激发用户的内在潜力，而且能促进知识的价值增值，使知识不断更新、丰富和发展。

智慧图书馆通过对多来源、跨领域、大规模的异构数据进行准确、智能的分析和提取，并利用知识处理技术实现知识单元的揭示、共享、关联和发现，形成可靠的显性知识，不断输送给用户，让用户得到引导和启发，并借助智能手段对用户潜在的隐性知识进行追踪、揭示和挖掘，将用户潜在的隐性知识转化为可表达的显性知识，使知识得以增值、用户创造力得以激发。

2.显性转向智能

显性知识包括静态知识和动态知识，其中静态知识是指可分离和可继承的知识，具有稳定、量变、有形的特征，而动态知识是指可运动和变化的知识，具有活动、质变、无形的特征。信息技术和互联网的迅速发展，使静态知识不断被转化为动态知识，动态知识不断被创新发展，同时也使知识的产生与学习、共享与交互、传播与应用得以空前高涨，这意味着智能知识的发展。

智能是一种学习和创造知识的能力，它可体现为人的基本学习能力，如对语言、逻辑、空间、肢体动作、音乐的掌握程度，但更多体现为机器学习能力，即人工智能，就是通过机器来模拟人的某些思维过程和智能行为，从而达到学习知识的目的。

总之，显性知识学习转化为智能知识学习是未来知识生产、知识传播、知识创新的主要方向，它在促进知识应用的同时，不断推动着知识创造和知识创新。

3.智能转向智慧

在互联网时代，人工智能是指利用机器来模拟人类的感知能力、记忆和思维能力、学习能力、自适应能力和行为决策能力等，但由于机器缺乏人类所拥有的情感、道德和伦理修养，因此在知识转化过程中，将机器智能转化为人文智慧就显得非常重要。

机器智能虽然可以提高人们知识学习、知识获取、知识传播及知识创造的能力，但最终需要将其转化为以人为本的人文智慧，才能体现出图书馆为人类社会创造精神产品和精神财富的价值取向。

智慧图书馆的人文智慧体现在馆员的职业道德和价值追求中，在服务用户过程中充分发挥知识嵌入者、知识关联者、知识协同者与知识启发者的作用，帮助用户去应用旧知、获取新知、开启智慧、创新价值。

4.智慧转向价值

智慧既是一种聪明才智，又是一种创造思维能力。智慧图书馆的服务目的就是开发智慧、创造价值，将人类的聪明才智和创造力转化为社会生产力，为人类社会创造更多价值和财富。

智慧图书馆充分利用现代科技手段不断生产、挖掘、整合、传播和扩散知识，将知识融入智能服务中，就是为了激发用户的创造潜力，使用户能充分发挥其聪明才智去潜心研究、努力学习和成功实践，将自身所学的知识转化为智慧创造，促进知识的创新和增值，从而实现自身的社会价值。

综上所述，深度的知识融合是一种高层次的智能知识服务过程，它能为用户提供解决问题的方法、帮助用户进行深度的科学思考、协助用户进行正确的科学决策，是一个集数据融合、信息融合、知识融合、智慧融合的多层次的融合形态。它将机器智慧与人文智慧结合起来，在知识增值和知识创新的基础上，不断挖掘隐性知识，激发用户潜力，协助用户不断超越自我、勇于创新，为社会做出应有的贡献。

## 五、高效的跨界合作

互联网的发展打破了行业间的边界，缩短了时空跨度距离，模糊了学科专业界限，使各行业、各区域和各学科都相互融合、渗透，跨界合作已成为各行业为谋求发展、提升效益而采取的互利共赢措施，能为各行各业带来新的发展契机。

智慧图书馆的跨界合作是基于用户需求，利用新一代通信技术，将图书馆与其他行业或机构连接起来，通过资源、技术、管理的融合渗透，为拓展服务空间和谋求长远发展而进行的一系列合作实践。

跨界合作给智慧图书馆带来的不仅仅是资源的共建共享，还包括技术、人才、管理及服务的互联互通，能给用户带来新鲜体验。在这一理念的指导下，将多个图书馆汇聚成一个图书馆联盟，实现社会资源的最大化利用，体现出人与人之间、馆与馆之间、学界与业界之间的合作关系，是智慧图书馆突破已有观念和体制禁锢，提升自身业务质量和创新能力的服务新形态。

高效的跨界合作使数据合作、系统合作和服务合作得到加强，实现了信息资源的共建共享、管理机制的协调一致、公共文化的均等服务、复合人才的联合培养，使有限的公共资源服务于无限的用户，在全社会形成共同谋划、联合服务和合作创新的新局面。

### （一）跨学科合作

学科是指以学术分类、教学科目、理论知识进行区分的科学门类，互联网的出现使得一些学科的边界变得模糊，同时也产生了一些交叉、边缘及新兴学科。在此背景下，跨学科合作就成为促进学科发展和知识创新的增长点，它通过借助其他学科理论与方法来提升自身的价值和效益，最终实现学科的共同进步和发展。

智慧图书馆跨学科合作，是指图书馆根据服务性质、专业知识、研究情况等，通过跨部门、跨专业和跨机构合作，将图书情报学嵌入不同学科门类，为其提供决策支持、科学研究和社会服务，并借助网络和技术的力量，完成交叉、边缘及新兴学科的求同和存异发展。

#### 1.跨部门合作

互联网打破了图书馆固有的组织结构，使其更倾向于扁平化管理模式。扁平化管理模式通过减少管理层级，让信息以最快的速度得到传递和处理，在为用户答疑解惑上更直接、更有效和更方便，尽可能缩短用户的等待时间。跨部门合作是实现扁平化管理最有效的方式，它克服了传统图书馆管理服务中存在的各自为政的弊端，以用户学科需要为标准，当用户提出请求时，有学科背景的图书馆馆员可以在第一时间给予答复，而不必受业务部门范围的限制。这种跨部门学科服务在网络技术支持下变得直接而迅速，不需要用户费时费力地层层反映，用户只需要发送一个消息，就可以得到迅速而满意的答复。因此，智慧图书馆跨部门合作是跨学科合作的前提，只有让图书馆馆员跨越业务部门范围的限制，充分发挥自身学科和专业优势，才能随时、随地、随意为用户提供便捷的服务。

2.跨专业合作

图书情报学作为信息管理专业，可以和任何一个专业产生联系，因为任何一个专业的发展都离不开文献信息的组织、存储、检索、咨询、分析和读者服务，它可以嵌入任何专业学科的学习、教学、研究和实践中，为其提供设备、资料、技术和人才等学科服务，辅助专业学科向纵深发展。

智慧图书馆使跨专业合作变得更简单便捷，图书馆只需搭建一个专业学科服务平台，将服务对象汇聚在一起，针对不同专业所具有的不同特征，开展主动参与的个性化学科服务，通过将专业学科服务平台嵌入用户科研或教学活动中，帮助用户发现更多的专业资源和信息导航，为用户研究和工作提供针对性较强的信息服务，充分发挥图书馆的专业优势和特长。只有通过合作，图书馆才会发现什么样的服务更适合用户、什么样的方法对专业发展才更有效，以及要怎样才能发挥专业优势。

3.跨机构合作

跨机构合作是指在繁荣学术研究、推动学术交流的共同目标下，围绕学术生产和传播活动，没有隶属关系的不同学术机构以横向沟通的方式进行协调、合作。这里的学术机构包括学术生产组织和学术传播组织两类，科研机构属于前者，而图书馆则属于后者，只有二者合作才能促进科研产品的产出和传播。

智慧图书馆借助互联网技术为跨机构合作提供了便利，其利用互联网搭建的学术交流平台，在辅助科研机构生产科研产品的同时，也使得其产出的产品能够得到及时传播，通过开放获取和数字出版形式，可以实现知识产品的快速产出和成果兑现，减少中间环节，使学科知识能够及时得到应用和实践，为社会生产生活提供便利。

此外，科研机构与智慧图书馆的合作可以实现双方的互利互赢。科研机构为图书馆提供知识产品来源，而智慧图书馆的知识资源为科研机构提供创作灵感，二者相辅相成、相得益彰。

（二）跨行业合作

互联网技术的发展促使一些行业产生了变化。智慧图书馆应根据自身特点和发展情况与其他行业进行信息、资源、技术和用户群的合作和共享，拓展更广阔的发展空间，为用户提供更优质的服务。

智慧图书馆的跨界合作是一种创新的服务模式，它将图书馆资源与外部资源进行整合，通过与不同领域的合作，为读者提供更加全面和多元化的服务。这种合作方式有助于打破传统图书馆的局限，拓展图书馆的服务范围和提升图书馆的影响力。在跨界合作中，图书馆可以利用自身的资源优势和品牌影响力，吸引更多的合作伙伴和资源加入到图书馆的服务中。例如，图书馆可以与博物馆、美术馆等文化机构合作，共同举办展览、讲座等活动；可以与政府部门合作，提供政策咨询、数据统计等服务；可以与商业机构合作，开展品牌推广、营销活动等。

跨界合作不仅可以提高图书馆的服务质量和效益，还可以为合作伙伴带来相应的利益和价值。例如，博物馆可以通过与图书馆的合作，拓展其服务范围和受众群体；政府机构可以通过与图书馆的合作，提高政策制定和执行的质量和效率；商业机构可以通过与图书馆的合作，提高品牌知名度和市场份额。

跨界合作的目的是为读者提供更好的服务，因此图书馆需要注重服务质量和效益的提升，不断改进和创新服务模式和方式，提高读者的满意度和忠诚度。

总之，智慧图书馆的跨界合作是一种有益的创新服务模式，可以为图书馆和合作伙伴带来更多的机遇和发展空间。通过合理的合作方案和计划、有效的沟通和协作机制以及不断提高的服务质量和效益，跨界合作将会取得更加显著的成果。

下面，笔者主要从政界、文化界、商界的角度，探讨智慧图书馆的跨界合作。

### 1.与政界合作

图书馆作为社会公共服务单位，在政策、资金、人员和管理方面都与政府部门有着密切联系，加强和政府部门的业务合作，是图书馆谋求不断发展的必经之路。近年来，图书馆在顶层设计和数据收集方面与政府部门都有合作，主要体现在在政府主导下进行资源建设、人员配置和业务拓展等方面。图书馆只有深入了解政府的大政方针，积极响应政府的号召，从最高层次上科学、合理、全面地规划图书馆的未来，设计出得体、实用、完善的顶层设计方案，并将其成果贯彻落实到实际工作中去，才能使图书馆沿着健康、正确的方向发展。

目前，智慧图书馆在参与政府数据开放方面做了不少尝试。如在协助政府收集、整理、保存、发布信息数据的同时，智慧图书馆还为政府机构建立了信息查询数据库、舆情交流平台、专家智库等，成为政府与群众沟通的桥梁，在政策宣传、信息查询、意见反馈等方面发挥着重要作用。

### 2.与文化界合作

图书馆与出版社、书店、博物馆、档案馆等同是文化服务单位，互相之间有着密切的业务交流关系，可以说，图书馆与文化部门的跨界合作目前已经成为常态。

智慧图书馆可与博物馆、档案馆建立深度合作关系，三者在历史渊源、政策基础及社会职能上有相似之处，在互联网和大数据技术的支持下，可以共同搭建数字资源服务平台，实现资源优势互补、数据交换使用和联盟合作。

### 3.与商界合作

在"互联网＋"时代，智慧图书馆仅仅依靠自身的力量很难完成跨界融合，只有通过与一些数据库商、软件开发商等合作，才能在有限的物力、财力和人力支持下，拓展服务内容和提升服务效益。

首先，智慧图书馆与数据库商合作，可以丰富资源内容，更好地为用户提供便捷服务，如智慧图书馆可以与中国知网、维普资讯等数据库商合作，方便用户对资源的检索、浏览、下载和引用。近年来，随着数字阅读的兴起，很多图书馆的电子资源采购数量已远超纸质资源，采购成本也持续增加，图书馆只有和数据库商、出版商进行合作，才能形成良性互动、互惠互利的良好局面。

其次，智慧图书馆与软件开发商合作，开发手机图书馆、移动图书馆等App，为图书馆搭建新型共享服务平台，可以解决图书馆缺乏计算机专业技术人才的问题，提升软硬件基础设施服务能力。

总之，智慧图书馆利用互联网思维实现跨行业合作，在拓展图书馆业务、扩大服务范围、丰富服务内容和提升服务效益等方面起着重要作用，是图书馆在互联网时代转型升级的有效途径。

### （三）跨区域合作

中国幅员辽阔、地大物博、民族众多，各个地区政治、经济、文化、科技发展都不平衡，因受时空限制、地域差异及城乡差别的影响，很难保证所有用户都能得到公平公正的公共文化资源服务，而互联网的兴起，打破了这种因地域因素引起的不平衡问题，为用户在全社会享受公共文化均等化服务创造了条件。

图书馆作为一个公共文化服务场所，在保障公民文化权益、维护社会公平和落实公共文化均等化服务方面承担着重要责任。利用"互联网＋"思维，智慧图书馆可以基于地理位置、发展程度进行跨区域合作，以缩小不同地域之间的数字鸿沟，实现公共文化服务全域、全时和全员覆盖。

## 六、智能的服务模式

### （一）用户行为分析技术下的智慧图书馆服务模式

#### 1.用户行为分析技术

用户行为分析技术最早应用于网站平台的技术改进和服务提升，是通过分析用户对网站或应用软件的访问数据，如用户位置、时间、次数、习惯等内容，发现用户平台使用规律和趋势，以及运行问题和漏洞，并及时进行改进的技术。

这种来源于用户真实使用行为分析的数据结果，对了解机构和产品的运行状况、升级服务内容具有重要作用，因此被逐渐应用于各领域之中。图书馆的用户行为分析指图书馆通过摄像头、传感器、门禁系统、检索系统、网站平台等设备采集读者本身数据及其到馆或线上的详细阅读数据，分析读者阅读行为，了解读者阅读习惯，以此来优化馆藏结构和布局，提供个性化推送服务，实施精确管理，助力图书馆智慧化建设。

2.主要服务模式

用户行为分析技术相较于其他技术已在图书馆中应用较长时间。传统的读者行为分析较为简单，主要分析一段时间内读者的入馆数量、入馆次数、入馆时长，单本图书的借阅次数和单个读者的借书量等内容，由此可以了解读者的阅读喜好、读者入馆高峰和最热图书等，指导图书采购和管理决策。这种行为分析内容较为单一，对进一步提升图书馆的管理和服务质量的帮助有限。随着图书馆智能水平的提升，各种技术设备的应用，数据采集方式更加多样，数据采集过程更加便捷，可用于分析的数据量也较之前增加很多，可以更为精准地分析出读者的阅读需求和行为趋向。目前，图书馆主要通过读者行为分析技术构建读者的用户画像，来提升服务的智慧化水平。

构建读者用户画像的目的是通过收集图书馆内文献资源及到馆和馆外读者的各类数据形成的标签化模型，勾勒出读者信息全貌，预测读者潜在的阅读需求。简单来说，就是通过用户标签全面展现读者阅读倾向，便于图书馆馆员深入挖掘读者的阅读需求，及时、主动地为其提供所需服务。

读者用户画像的形成主要包括数据采集、行为建模、画像构建三个环节。所采集的数据包括静态属性数据（图书的题名、分类、作者、关键词等，读者的姓名、年龄、身份、专业等）和动态行为数据（借阅次数、借阅数量、借阅时间、借阅时长等），通过数据类型分析选择标签，构建用户标签体系，再将具体数据匹配进所构建的模型框架，即可完成对读者画像的勾勒。

## (二)用户交互技术下的智慧图书馆服务模式

### 1.用户交互技术

交互是指人在自然社会环境中与各方面数据、信息、情报、知识的交流活动,交互技术是指为促进这种交流活动的进行而采取的技术手段。随着信息技术的发展,除了人与人、人与物的交互活动,还产生了人机交互与物物交互,并且实现交互的方式不断增多。用户交互可以理解为在使用同一产品、服务,或参与同一活动的主体间进行交流活动的过程。用户交互可以起到一定的宣传推广和经验分享作用,有助于促进产品和服务的改造升级,扩大活动的影响力和影响范围。传统的用户交互主要通过主体间面对面的线下互动交流方式进行,随着信息技术的进步,融合在各类应用中的用户交互技术给用户群体的交流沟通提供了更多跨时空的交互方式和场所,也为图书馆领域中的科研学术交流、阅读经验分享和阅读推广等活动的开展提供了极大的便利。

### 2.主要服务模式

相较于传统的用户交互式服务模式,智慧图书馆的泛在智慧化环境、先进技术设备以及丰富的线上和线下活动都为用户提供了更加多样的交互条件和方式。

首先,在传统图书馆馆舍陈列经验基础上,智慧图书馆在空间布局上更加考虑人性化和实用性需求,结合馆藏特色、资源利用、空间架构、色彩搭配综合进行馆舍各区域设置,合理划分书架陈列区、精品展示区、阅读学习区、研讨交流区、娱乐休闲区、用户体验区和读者交流区等活动范围,动静结合,满足用户的各种交互式需求。

其次,先进的技术设备为用户进行交互提供了强有力的辅助支持,联机检索系统支持包括自然语句在内的多种检索方式;导航服务系统可直观展示馆藏结构和功能区布局;智能咨询系统可直接与用户进行现场交流,回答用户的常见问题;阅读本、朗读亭、24小时自修室等的设置也为用户进行交互提供了更多方式。

最后,用户交互技术水平的提高还为用户提供了更多跨时空的线上网络化交流方式。手机、电脑、平板等多设备的技术支持和微博、微信、论坛等多渠道服务的开通，使用户能够随时选用适合自己的方式获取图书馆的资源、应用和服务，也可以在虚拟空间畅所欲言，进行交流和互动，自由组建活动群体。馆员可以通过各种渠道了解用户的需求和意见，组织开展各类展览、讲座，邀请相关专家与用户面对面进行交流，为兴趣爱好相同的用户群体提供线下交流场所。用户也可以与馆员进行线上交流，为图书馆服务改进建言献策。

## 第三节 智慧图书馆的服务资源

### 一、基于技术的智慧图书馆资源

#### （一）构建与读者有效沟通的平台

有效沟通就是交流的双方或者是多方能够在交流中正确、真实地表达自己的看法和意见，使双方能够相互理解，以有效解决工作中的问题。智慧图书馆以网络为平台，拉近与读者之间的时空距离，使读者能方便地参与资源建设，从而有利于打造读者满意的实体与虚拟相结合的馆藏资源体系。

1.博客的应用

博客是指某种定型化的网络平台，是一种作者和读者以日志风格进行交互的中介，能够让使用者非常轻松地张贴文章、设计版型，与网友互动，并且能形成一段可以追溯的历史。博客作为工作人员发布图书出版信息、关注网络热点、与读者交流的一种手段，可以帮助工作人员了解读者的阅读需求。

2.维基的应用

维基是一种可供多人编写、下载和发布内容的网络服务，它提供的是一种超文本系统，支持在一个社群内共享领域知识。维基站点一般针对某一领域的问题展开讨论，有一定的相关性，有共同的关注主题。把维基应用到资源建设工作中，能更好地整合读者的智慧，促进图书馆开发和建设新资源，为图书馆的资源建设工作提供一种新的模式。维基使读者的作用被突出，读者不再是图书馆服务的被动接受者，而是享有合作参与、共同创造的权利，与图书馆、图书馆馆员是一种共生关系。

3.RSS 的应用

RSS 指简易信息聚合，其英文全称是 Really Simple Syndication，是使用最广泛的 XML 应用。RSS 搭建了一个信息迅速传播的技术平台，使得每个人都成为潜在的信息提供者。RSS 包含了一套用于描述 Web 内容的元数据规范，具有一套新颖的，能够在内容整合者、内容提供商和最终用户之间实现 Web 内容互动的联合应用机制，是站点用来和其他站点之间共享内容的一种简易、方便的应用。网站直接把新闻送到用户桌面，用户可以通过阅读器订阅自己感兴趣的内容，当网站内容更新时，用户可以在第一时间看到新消息的标题和摘要，并阅读全文。对图书馆资源建设工作来说，RSS 应用提供了一个实时、高效、安全、低成本的信息发布渠道，用户不需要在网上逐页寻找所需信息，只需要通过 RSS 阅读器就可以及时了解图书馆的资源建设情况。

4.标签的应用

标签是一种分类系统，每个标签都由用户自建，不必遵从某一分类体系。通过标签，不同用户可以进行交叉查询，即用户可以通过关键词找到其他用户的收藏列表。这样，用户在提供信息的同时，也能从他人的信息中受益。标签在资源建设工作中的应用就是对信息资源添加标签，进而形成标签表。添加标签能集合集体智慧，形成多种分类或聚类规则，增强用户之间以及用户和工作人员之间的交互性。

## （二）建立网络导航系统

### 1. 建设学科导航库

学科导航库是以学科为单元，对互联网上的相关学术资源进行搜集、评价、分类、组织和有序化整理，并对其进行简要的内容揭示，建立分类目录式资源组织体系、动态链接、学科资源数据库和检索平台，发布于网上，为用户提供网络学科信息资源导引和检索线索的导航系统。学科导航库实际上是一个虚拟的信息资源库，从物理上讲它并不存储实际的信息资源，而是按学科或主题收集互联网上的网址，以导航库为桥梁对相关的学科或主题网址进行集中访问，从而快速、准确地获取所需信息，是一个既省时省力又节省网络通信费用的系统。

### 2. 建设电子报刊导航库

网上很多电子报刊都提供免费的全文服务，且具有信息存储量大、时效性强、出版快速和交流容易等特点，对读者具有很大的吸引力。为充实图书馆的免费网络学术信息资源，图书馆应加强对网络电子报刊的收集、整理和组织工作，建立电子期刊导航库和电子报纸导航库，满足用户对网络信息资源的需求。

### 3. 建设主题网站导航库

智慧图书馆可以借鉴百度、谷歌等商业搜索引擎的成功经验，对网上信息资源进行筛选、分类、加工，建立如英语学习园地、就业信息、论文写作、生活实用等主题网站导航库，为用户查找信息提供方便。

## （三）积极整合图书馆资源

随着电子阅读器、智能手机等移动终端的发展，数字阅读已成为新阅读时代发展最为迅速的一种阅读方式。数字阅读是指使用手机或带有通信功能的电子书阅读器等通信终端进行的口袋化、移动化、个人化的电子阅读行为。对于读者而言，移动设备的便捷和随时在线的特点，可以使阅读变得更加及时，同时还能满足个性化需求。对于图书馆而言，应对数字阅读的异军突起，图书馆需积极整合各类馆藏资源，为用户提供查询数字资源的统一检索平台。

### 1.基于异构数据库的资源整合

异构数据库资源整合是指对多个不同数据库中相同学科专业的数字资源进行系统的优化整合。由于这些资源是由不同的数据库厂商研发出来的，在数据库标准、数据库结构、检索界面、检索方法、登录方式上都没有统一的规范，即便检索同一个题目也需要在不同的数据库中进行多次登录和使用不同的检索方式去完成；同时它们之间也存在着相互重复和交叉的信息，用户在检索后还要花时间、精力对得到的结果进行筛选。这就严重降低了图书馆丰富的数字资源的利用价值。因此，图书馆应将这些异构数据库资源进行技术上的有效整合，为用户提供一个统一的检索界面来实现同时检索多个数据库，使用户从海量、零散的数据库资源中获取所需的信息。

### 2.基于OPAC系统的资源整合

OPAC系统即联机公共目录检索系统，是基于传统书目管理的一种整合模式。利用OPAC系统高访问率的优势，依托图书馆自动化管理体系，通过功能扩展，可以实现对其他信息资源的整合。

整合方式分为横向整合和纵向整合两种：一是通过Z39.50协议（即信息检索应用服务定义和协议规范）来建立本馆与兄弟馆的OPAC数据库，进而实现联合的公共目录查询系统的横向整合；二是通过在MARC数据中增加856字段进行书目信息的揭示和电子信息资源的链接，实现不同类型资源的纵向整合。基于OPAC系统的资源整合能够将无序化的资源有序化，同时将不同类型、不同结构、不同检索平台的一系列异构数据资源、网页信息资源等整合在一起，构成一个强大的资源管理体系。

## 二、基于空间的智慧图书馆资源

图书馆空间再造、智慧图书馆空间建设、图书馆虚拟空间构建等已成为图书馆界广泛关注的研究内容，图书馆从过去以收藏、阅览为主要功能的传统图书馆到如今开放、智慧、包容、共享的现代图书馆，体现了图书馆空间再造追求高质量发展的要求。

### （一）智慧图书馆空间再造的转型要素

**1. 以智慧再造理念为宗旨**

智慧图书馆空间再造应牢牢把握智慧再造的理念，满足用户多样化、个性化的需求。空间再造不仅是阅读空间的改进，更多的是赋予图书馆空间多元化功能，提供深层次的优质服务，进而打造智慧图书馆。伴随外界环境的变化，图书馆提供开放、多元、舒适的空间，满足用户学习、研讨的创新需求已然是趋势所向。智慧图书馆空间再造应顺应时代发展的潮流，以智慧再造为理念，注重图书馆空间与功能的智慧化建设，开展多样化的智慧服务。

**2. 以服务创新为灵魂**

图书馆是生态环境建设与资源建设相结合的场所，它不仅是知识馆藏中心，还是学习交流场所。智慧图书馆承载的是一种全新的图书馆形态，它既需要体现图书馆外在空间价值，也要专注其内在架构和功能。服务创新是促进图书馆再造的灵魂，主要体现在图书馆空间形态多样化、资源数据智慧化、服务多元化、人才培养体系化等方面。

目前，图书馆有馆中馆、馆外馆、馆馆联盟、数字图书馆、移动图书馆、网上图书馆等各种形态，每一种形态的发展不仅致力于物理空间建设，也在逐步提升内部服务。从服务理念创新层面剖析，智慧图书馆空间服务理念应更多地追求服务开放与信息共享，注重服务的均等化与平等化。从服务方式创新层面探讨，数字技术给智慧图书馆空间再造带来了更多可能，图书馆的读者服务、信息服务等传统服务应积极寻求突破和发展。同时，在现代信息技术的支撑下，图书馆空间服务应朝着数字化、网络化、智能化方向发展，以提高图书馆的跨界服务、移动服务、自助服务、公共文化服务等新型服务能力。例如，融合音乐厅、剧院、咖啡馆、画室等多形态发展，满足用户的现代化精神需求；借助移动互联网、5G技术等建设移动图书馆，打破用户享受图书馆空间服务的时间和空间限制；构建公共文化服务云平台、文旅云平台等虚拟空间，创新文化服务内容。

服务创新为智慧图书馆的进一步发展提供了灵魂支撑，肯定了图书馆空间自主发展的生命力，促进图书馆向多元、开放、共享、包容等方向发展，使图书馆在空间再造、空间治理和空间发展的研究上具有系统的理论支撑。

3.以用户服务为核心

智慧图书馆空间再造需要始终坚持"以用户为核心"的理念，充分结合用户需求及当地或学校的特色，准确把握再造空间的服务理念。用户体验直接影响图书馆价值的实现，智慧图书馆空间再造要始终以用户服务为核心要素，具体体现在以下三个方面：

第一，智慧图书馆空间的规划布局和功能设置要充分考虑用户需求的多样性、群体性和差异性等特征，保证空间大小布局与需求规模高度适配，空间功能设置与需求种类高度匹配，能够满足用户学习、检索、研究、交流、演讲、展示、创新、文化休闲等基本需求，以及其他个性化需求，同时不能忽略特殊人群的需求。

第二，智慧图书馆空间再造要坚持以人为本，体现人文精神，营造愉悦、舒适的空间氛围。例如，合理运用色彩搭配，提高视觉审美，使用传感技术实现温度、湿度等的智能调节。

第三，智慧图书馆空间再造要提高馆员素质，培养智慧馆员。图书馆馆员是图书馆空间建设的重要参与者，馆员需要与时俱进，不断提高自身的智慧素养，熟悉智能设备，掌握现代信息技术，提高科研创新水平，更新服务理念，为用户提供更高水平的服务。

4.以助推能动性学习为目标

能动性学习是一种面向过程的探究式学习方式和立足于学习内容的体验式学习方式，具有很强的主观自觉性，打造能动性学习空间和提升内涵服务是智慧图书馆助推能动性学习的保障。智慧图书馆空间再造应注意从"以提供信息服务为主"走向"以培养多元素养能力为主"，通过进一步整合优质资源、分析用户关注点、借助智能手段等激发用户求索知识、创新创造的主观能动性，注重提高用户的多元化、协同化素养和能力。

## （二）智慧图书馆空间再造服务的实施架构

空间再造是一项复杂的系统性工程，涉及建筑、设计、环境等专业知识，也包含管理学中的规划、评估和规章制度等。智慧图书馆对空间再造的方方面面要求较为严格，需要根据实际情况实现馆内物理空间和服务空间的最优配置。

### 1.掌握用户需求动态信息

掌握用户需求动态信息是智慧图书馆空间再造服务的基础，智慧图书馆空间再造服务是围绕用户需求开展的，只有通过了解用户的个性化需求与行为习惯，提升用户在图书馆空间再造中的参与程度，才能设计出人性化的空间布局，合理优化和利用图书馆的空间资源。为了提升用户在图书馆空间再造中的参与程度，图书馆可以通过问卷调查、访谈、实地观察等方法进行调研与分析，深入了解用户需求，获取用户反馈，满足用户在学习、研究、服务、图书馆功能使用等方面的需求。例如，深圳图书馆通过实地观察发现，每日到馆人数远远超过了图书馆可提供的阅览座位，无法满足读者的阅读需求，因此在"南书房"和"讲读厅"中增加了大量的阅览座位，当这两个区域没有业务工作时，能为读者提供额外的阅览场地。

用户需求调研是一项持续性工作，需要实时跟进和反馈，可以在图书馆中设置用户建议角，收集用户意见，实时了解用户的动态需求，有针对性地对图书馆空间进行改良。

### 2.设计合理的规划结构

智慧图书馆空间再造是一个复杂的系统工程，需要提前进行空间规划，指导空间再造的实施，然后根据图书馆现有的空间结构进行合理划分和布局，进而建设开放、包容的图书馆空间结构。首先，图书馆应从设计类、建筑类等专业角度出发对图书馆的空间规划进行合理布局，在规划过程中确保图书馆空间的高利用率，设计包含文化空间、学习空间、交流空间、创客空间等在内的图书馆空间格局。其次，图书馆的空间布局和规划应结合用户需求，设计能够满足用户需求并可以提升用户体验的空间结构，在满足藏书等传统功能的基础上，围绕用户需求进行业务和功能设计。最后，在设计空间布局时，应具备前瞻性思维，设计合理的可扩展性空间结构，保障图书馆的空间结构能随着信息技术发展及用户需求增长进行再造。

### 3.设置价值评估体系

空间再造评估体系能够直观体现智慧图书馆空间再造服务的价值，包括图书馆空间现状评估、空间满意度评估及空间管理评估等，能为空间再造的科学决策提供支持。通过空间再造评估体系，图书馆可以全面、系统地评估自身空间的利用现状、运作效能，还可以了解自身现有空间结构是否发挥了预期价值。同时，图书馆能快速了解用户对馆内空间使用频率、满意度等方面的情况，明确用户对空间布局和空间服务的需求与期望，进而不断改进自身服务，为后期发展提供实践支撑。因此，在进行智慧图书馆空间再造的同时，也应重视空间价值评估体系的建设，保障用户服务权益，为用户提供良好的服务，进而促进图书馆事业发展。

### 4.制定完善的规章制度

制定完善的规章制度对保障智慧图书馆空间再造服务效能具有重要意义。应加紧步伐制定和完善相关措施和制度，确保图书馆空间再造服务的规范性。制定的规章制度中应明确管理对象、使用范围、预约方式、联系方式、违规处罚等内容，规范用户空间使用行为。采取线上和线下相结合的方式加大宣传力度，如线上可在图书馆官网、公众号中进行信息推送，线下可通过用户手册、图书馆电子屏幕等载体让用户快速、清晰地了解相关规定。

### 5.秉持绿色发展理念

智慧图书馆空间再造要紧跟国家步伐，融合生态文明建设发展理念，从馆内基础设施建设到用户文化知识供给，秉承可持续发展理念，打造"绿色空间"。图书馆在进行空间再造建设时，应考虑生态价值、机会成本和建设成本，在不破坏生态环境的情况下，扩展图书馆空间区域，优化馆内设施配置。在空间建设上，提高设施、材料质量的同时，也应该控制建设成本，杜绝铺张浪费。在空间使用上，要促使用户提升自身素养，合理利用图书馆空间，在满足自身需求的同时，与图书馆共同打造生态循环系统，建设可持续发展的绿色图书馆。

### （三）智慧图书馆智能空间的服务应用

#### 1.智慧图书馆智能空间的服务应用场景

基于大数据和人工智能技术的发展，通过人工智能实现的场景化已是"人工智能时代"与"场景时代"的最佳结合，于是有人喊出了人工智能时代"场景为王"的口号。在图书馆领域，人工智能技术也有了一定的发展应用，从最初无形的聊天机器人，到现在类人的咨询机器人、导购机器人、安保机器人，图书馆的人工智能服务功能越来越强大、越来越多样，已成为图书馆减轻馆员劳动负担、提高服务质量和水平、实现转型升级的有力帮手。

综合来看，智慧图书馆目前对生物识别、智能算法等弱人工智能应用进行了长足的探索，这些服务应用的场景也将是图书馆智能空间在未来一段时间的主要服务应用场景。图书馆智能空间的服务应用场景层级如表3-1所示。

表3-1 图书馆智能空间的服务应用场景层级

| | 应用场景 | 具体应用 |
| --- | --- | --- |
| **弱人工智能应用** | 生物识别 | 图像识别、语音识别、人脸识别、人脸闸机、视觉检索等 |
| | 智能算法 | 智能检索、智能推荐、智能排序、语义理解、智能咨询等 |
| | 语音交互 | 语音识别、语音助手、语音服务、语音转写、同步翻译等 |
| | IT基础设施 | 智能书架、机器人馆员、专家系统等 |
| **强人工智能应用** | 智能机器人 | 人机交互、私人助手、智能服务 |
| | 智能决策 | 场景化大数据处理—决策大数据分析—智能决策结果输出 |

从图书馆智能空间的服务应用场景可以发现，尽管人工智能目前在图书馆的应用主要还停留在特定领域——帮助用户进行感知、记忆、存储、应用的弱智能应用层面，但图书馆智能空间未来的服务应用将远超这些场景，实现强人工智能场景应用已具备技术、实践等方面的基础。一方面，随着人工智能进入移动互联网时代，智慧图书馆内外各类智能终端设备的应用，必将推动从图像、声音、视频到位置、轨迹、动作等多类型的图书馆服务数据呈现指数级的增长，这也使多维度、多场景的大规模智能数据场景化开发应用成为可能；另一方面，虽然目前智慧图书馆的强人工智能、超人工智能及通用人工智能应用还不成熟，但已经有了明显的发展趋势。

2.智慧图书馆智能空间的典型服务应用

从图书馆应用人工智能实践的角度来看，目前的应用主要包括自然语言处理（如文献检索、文献分类、在线访问公共目录、发现平台、关键词查找等）、模式识别（如文本挖掘、文本分析等）、机器学习（如叙词表自动建模、自动索引等）和机器人服务（如咨询、导航等）等领域。在未来典型的图书馆智能空间服务中，当属代表且已初露端倪的为机器人服务、下一代图书馆信息系统服务和信息组织与文献分类服务。

（1）智慧图书馆智能空间的机器人服务

清华大学图书馆的"小图"和上海图书馆的"图小林"让业界见识到了图书馆中的机器人如何提供互动式聊天、导航及检索等服务。然而，不管是从可以实现的服务还是应用的技术来看，这些探索实践还处于人工智能的初级开发应用阶段。从本质上讲，聊天机器人只是一个基于机器学习和自然语言处理的机器人，通过语音命令和文本聊天来模仿人类谈话并和用户进行虚拟聊天。但目前的聊天机器人还欠缺基于机器学习的情感分析，即不能通过语言分析来确定在与用户的聊天中应该表现出来的态度、情绪和语气。其实具有情感分析的场景构建也是目前智能机器人发展的最大困境，即使是最先进的聊天机器人，也无法完全识别出语音命令中的情感。多维度用户画像在一定程度上提升了聊天机器人的情感分析能力，商业领域对智能客服等的探索，也正在推动机器人以越来越像人类的方式继续发展和自动学习，在这一基础上，基于图书馆智能空间的机器人智能服务等强应用的实践将不再遥远。

（2）智慧图书馆智能空间的下一代信息系统服务

技术的发展让知识发现成为现实，基于知识发现的下一代图书馆信息系统也应用到了图书馆的服务之中。但在人工智能环境下，这些系统平台的深度学习技术还有待提升，每一条检索结果并不会随着用户需求，即场景的改变而改变。微软研究人员巴斯卡·米特拉（Bhaskar Mitra）和尼克·克拉维尔（Nick Craswell）的研究表明，用于信息检索的神经网络排序模型使用浅层或深层神经网络对搜索结果进行排序。神经网络模型可以从原始文本材料中学习语言的表征，以缩小查询内容与文档词汇之间的差距。此外，神经网络模型也推动着计算机视觉、语音识别和机器翻译等技术的发展。因此，基于机器学习深度应用的下一代图书馆信息系统服务，将会是图书馆智能空间服务应用的最佳体现，人机交互、决策支撑、专家系统等多个应用场景将通过下一代系统得以实现。

（3）智慧图书馆智能空间的信息组织与文献分类服务

信息组织与文献分类一直以来都是图书馆的核心业务，传统的图书馆文献资源主要按照学科或主题列表的知识组织体系进行组织和分类，如杜威十进分类法、美国国会图书馆分类法、中国图书馆分类法等。随着人工智能技术的蓬勃发展，文献自动分类由基于规则的分类转向被广泛应用于垃圾邮件检测、定向客户的产品推荐、商品预测等领域的机器学习分类。谷歌的一项研究成果也表明，将计算机视觉和语言模型通过 CNN（卷积神经网络）与 RNN（循环神经网络）叠加进行合并训练，所得到的系统可以自动生成一定长度的文字文本。这些研究成果非常适合应用于图书馆自动分类、自动摘要、主题提取、文章聚类、图片自动标引、图像识别、业务预测和分析等内部业务上。

## 三、基于人文的智慧图书馆资源

### （一）重视网络阅读指导

随着数字时代的到来，阅读方式、阅读习惯的变化，数字化阅读方式不断改变，智慧图书馆提高全民信息素质、指导社会大众网络阅读的责任越来越重大。智慧图书馆应加强信息导航工作，指引阅读方向，避免广大读者在海量信息面前迷失阅读的方向。首先，应分别描述网络信息资源的内容特色、检索方法，并提供网络浏览导航。其次，针对网络阅读的特点，馆员应指导读者掌握有效的网络阅读方法，培养读者的信息处理能力，提高读者的网络阅读效率，促使读者养成良好的网络阅读习惯。再次，还可以在图书馆的网站上开辟读书论坛。网上论坛的互动性是有目共睹的，它不仅能实现图书馆馆员对读者的导读和推荐，还可以利用读者资源，实现读者间的导读。最后，图书馆可以邀请各专业知名的专家、学者做客论坛，与读者一起针对一些内容健康、较为经典的书籍进行专题讨论，共同交流阅读感受，探讨在阅读过程中存在的疑问。解答疑问的同时，专家可对读者的阅读偏好和阅读方法进行积极引导。

### （二）开展读书活动

图书馆是当今社会组织读书活动的主要力量之一，倡导阅读是图书馆开展社会教育职能不变的核心。智慧图书馆是促进全民阅读的重要阵地，应积极组织全民阅读活动，有效地利用各种媒介，让全民广泛了解智慧图书馆、利用智慧图书馆，提高公众对智慧图书馆的认知度，进而推进全民阅读的发展。

智慧图书馆在倡导阅读的过程中应从读者本身出发，提高读者的阅读兴趣，让读者享受阅读，发展读者的阅读能力，最终促进阅读社会的建设。为实现这个目标，图书馆应根据不同读者群的需求设计各具特色的读书活动，避免活动流于形式。活动形式一定要不断变化，以保持活动的新鲜感和吸引力。要经常开展一些面向社会的有吸引力的活动，让读者在参加活动的过程中自觉地培养阅读意识，并养成利用图书馆的习惯。

在新阅读时代，阅读融合了文字、图像及影像的魅力，让读者拥有了更加多元的获取信息和知识的渠道，但同时也使读者在各种各样的网络资源面前显得应对无措。面对这一问题，智慧图书馆应充分发挥其服务和教育的社会功能，从资源建设的源头着手，构建完善的资源体系，引导读者树立正确的阅读意识，给读者提供全面、科学、优质的阅读服务，同时在这场阅读革命的浪潮中为自己赢得更加广阔的生存空间。

# 第四章　智慧图书馆阅读推广的基础理论

## 第一节　图书馆阅读推广要点分析

### 一、图书馆阅读推广规范

阅读是人类认识发展的重要途径，通过阅读，人类能有效获取各类知识，提高文化素养，促进自身的全面发展。全民阅读能有效提高中华民族的整体文化素质，并为中华民族伟大复兴提供文化助力。因此，有必要加强图书馆阅读推广，推动全民阅读的常态化。图书馆在阅读推广活动中具有诸多优势，其公益性特征要求其积极承担阅读推广的责任。图书馆要充分利用自身的阅读资源，通过有效的阅读推广，满足全民阅读需求。然而，当前图书馆阅读推广存在诸多问题，严重阻碍了全民阅读的发展进程。

制定明确的图书馆阅读推广规范，有利于实现图书馆价值，发挥图书馆优势，促进图书馆转型。笔者从国外部分国家图书馆阅读推广规范的实践中发现，国外尤其重视制度性规范、实施性规范和监督性规范的制定，构建了相对完备的图书馆阅读推广规范体系。因此，我国有必要尽快制定图书馆阅读推广规范，从制度性规范、实施性规范、监督性规范和技术性规范着手，构建图书馆阅读推广规范体系。

## （一）制定图书馆阅读推广规范的必要性

### 1.有利于实现图书馆价值

图书馆以保障文献信息资源合理分配为基本职能，以为公众提供平等的公共文化服务为使命。因此，图书馆承担着开展阅读推广活动的责任。制定图书馆阅读推广规范，有助于图书馆组织和实施阅读推广活动，提升图书馆服务水平，保障公众平等获取文献信息的权利，实现图书馆终身教育的目标。

### 2.有利于发挥图书馆优势

图书馆作为保存、组织、传播文献信息的专门机构，具有成熟的文献信息服务理念、完备的文献信息保存和组织方法、便利的空间场所和设备设施、专业的人才队伍。图书馆作为阅读推广的主要场所，其优势是其他机构无法取代的，这也是图书馆的核心竞争力所在。制定图书馆阅读推广规范，有利于明确图书馆在各类阅读推广机构中的主体地位，发挥图书馆在文献信息收集方面的专业性、权威性优势。

## （二）图书馆阅读推广规范的完善

### 1.完善阅读推广相关法律法规

完善相关法律法规既有助于保障公民的阅读权利，也是图书馆开展阅读推广活动的法律依据。目前，尽管我国部分省、市和自治区制定了一些与图书馆相关的法规，但尚未形成完整的法律体系。另外，现有与图书馆阅读推广活动相关的法律法规也并未得到有效贯彻和落实。

因此，我国应积极开展与图书馆阅读推广相关的国家标准与行业标准的制定工作，建立健全图书馆阅读推广相关法律法规体系，构建全民阅读法律法规保障体系，通过立法保障图书馆阅读推广活动的开展与实施，明确全民阅读的基本原则，强调图书馆在阅读推广活动中的主体地位，对图书馆开展阅读推广活动的具体操作事项作出相应规定，为图书馆阅读推广规范的制定提供保障。

**2.形成图书馆阅读推广操作规范**

图书馆开展阅读推广活动要有完善的活动策划、充分的前期准备、及时的宣传报道、有效的实施流程以及长期的活动支持。阅读推广业务内容清晰、业务流程规范，业务操作有章可循、有规可依，才能保障图书馆阅读推广活动的质量与效果。此外，图书馆员应负起指导阅读的责任，对读者的阅读进行专业引导。

在当前全民阅读的环境下，图书馆阅读推广规范的全面建立势在必行。目前来看，建立完整的图书馆阅读推广规范体系尚需较长时间，一定要掌握好"度"的问题，图书馆阅读推广规范既不能变成"一刀切"的强制规定，也不能与图书馆核心价值相违背。应充分运用文献信息学的理论、方法、技术，加强对阅读推广实践的指导，通过相应规范的制定更好地推动图书馆阅读推广活动健康、良性、长远的发展。

## 二、图书馆阅读推广机制

### （一）政府财政投入机制

图书馆的阅读推广活动需要以政府的财政支持为基础，因为阅读推广活动的开展需要购置阅读推广资源，如阅读物、阅读推广场地、阅读推广设备等。针对各类图书馆，政府要拨付足额的资金，以保障图书馆的正常运转，同时要不断提升图书馆的办馆实力，提高图书馆的办馆水平，为其开展阅读推广活动奠定基础。

另外，此项资金的拨付应是动态的、可持续的，可根据图书馆提供的年度阅读推广报告或针对图书馆某一项阅读推广活动进行追加或削减，并严格监督该项资金的使用。

## （二）长效管理机制

图书馆有必要建立阅读推广的长效管理机制，对阅读推广活动进行科学规划，使阅读推广活动具有延续性，形成规模效应和品牌效应，吸引读者参与，获得读者支持，最终在阅读推广活动中实现各类文献信息资源的高效利用，为读者创建良好的阅读平台。

### 1.设立图书馆阅读推广部门

图书馆的阅读推广工作必须常态化。图书馆应设置阅读推广部门，安排专职人员负责阅读推广活动，以保障阅读推广活动能够持续、科学地进行。另外，图书馆还可根据阅读推广活动内容聘请相关专家参与活动并进行指导。

### 2.重视图书馆阅读推广专业人才的培养

图书馆必须重视阅读推广专业人才的培养，采取灵活多样的措施推动阅读推广从业人员专业化。图书馆应定期或不定期地举办各类阅读推广研讨会，为阅读推广人员提供更多的交流机会。图书馆还应为阅读推广人员提供更多的学习机会，邀请专家学者为阅读推广人员讲授相关的阅读推广知识，提高他们的专业素质。

### 3.加强馆藏资源建设

图书馆的馆藏信息资源是其开展阅读推广活动的重要保障，包括纸质文献和电子文献。其中，纸质文献是图书馆传统馆藏资源的重要组成部分，包括各类书籍、期刊、报纸、地图、照片、画册、手稿等。纸质文献是图书馆最基本、最常见，使用频率相对较高的文献资源，与图书馆的数字资源相比，其使用门槛相对较低。因此，图书馆必须进一步加强纸质文献资源的建设。

随着网络技术的普及，电子文献在图书馆馆藏资源中所占的比重日益增大。与传统纸质文献相比，电子文献具有使用便捷、占用空间小、容量大、保存时间长等优点。因此，为使图书馆的电子文献更加丰富、利用效率更高，图书馆应购买各种形式的电子资源，如缩微胶卷、缩微文献合集、录音带、激光唱片等。

### 4.加强对图书馆阅读推广工作的研究

阅读推广工作是一项学术性极强的活动，图书馆需要对其进行全面研究，进而发现其规律。图书馆界应建立相应的阅读推广研究机构，不定期召开阅读推广学术研讨会等，从多个角度推动图书馆阅读推广活动的有效开展。

### （三）监管与评价机制

#### 1.完善图书馆阅读推广监管机制

政府应不断完善图书馆阅读推广监管体系，使阅读推广活动面向社会，接受社会各界的监督。图书馆也必须对其所开展的阅读推广活动加强监管，提升阅读推广工作的透明度，降低因信息不透明造成的负面影响，避免因开展阅读推广活动造成的资源浪费。政府在对图书馆的阅读推广活动进行监管时，要加强对重点领域的监管，尤其是对专项资金的监管，做到专款专用。

#### 2.构建图书馆阅读推广评价机制

图书馆举办阅读推广活动的最终目的是提高人们的阅读素养，因此应重视对阅读推广活动效果的评价。构建图书馆阅读推广评价机制，需要制定阅读推广的评价标准，以全面评价阅读推广的效果。一项阅读推广活动结束时，图书馆应参照一定的标准对该活动进行评价，分析活动的不足和成功之处，及时公布活动结果，接受社会各界的监督。图书馆可全面、深入地评估每一次阅读推广活动投入的人力、财力、物力以及取得的效果和不足等，为以后的阅读推广活动提供参考。

图书馆对阅读推广活动效果的评价不仅应长期进行，还应加以细化，分别按月份、季度、年度进行评价，评价范围包括整体评价和部分评价等。

## 三、图书馆阅读推广策划

### （一）基础条件

#### 1.打造舒适的阅读环境

阅读环境对读者的阅读效果会产生极大的影响。图书馆应建立阅读交流栏，以便读者交流读书体会，从而营造浓厚的读书氛围，使读者在优雅舒适的环境中自由交流，享受传统阅读带来的快乐。馆舍一定要宽敞、明净，馆内可以摆放古色古香的书桌椅，也可适当点缀一些人文景观。在这样一个弥漫着浓浓书香的环境里，读者静坐下来，阅读经典，可以体验跨越时空的心灵交流。

#### 2.规范借阅制度

俗话说："没有规矩，不成方圆。"图书馆要贯彻"以读者为中心"的服务理念，规范借阅制度，只有从制度上进行规范，影响才能更持久、更深入。图书馆的借阅制度必须与时俱进，充分利用自身优势，制定更加人性化的借阅制度；提高服务质量，发挥图书馆服务读者、服务教学、服务科研的作用，这样才能充分发挥图书馆的教育、信息服务和学术研究职能。

### （二）策划流程

#### 1.前期准备

（1）对图书馆的资源与服务特色进行整理

策划人员在推广本馆的资源与服务时，充分了解本馆的资源与服务是至关重要的。只有深入了解本馆的优势、特色、资源及服务能力，才能制定有针对性的阅读推广策略，从而更好地吸引目标受众，提高他们的参与度和满意度。

具体来说，策划人员需要对以下几个方面有充分的了解：一是馆藏资源，包括图书馆的藏书量、文献类型、特色资源等，了解这些资源可以帮助策划人员针对不同的读者群体推荐合适的阅读材料和信息服务；二是服务项目，了解图书馆提供的各种服务项目，如借阅、咨询、讲座、展览等，这些服务项目是吸引读者的重要因素，策划人员需要熟悉这些项目的具体内容、特点和优势，以便在阅读推广时突出亮点；三是设施与环境，图书馆的设施和环境也是吸引读者的重要因素，策划人员需要了解图书馆的硬件设施、空间布局、环境氛围等，以便在阅读推广时充分展示图书馆的优势和特色；四是目标受众，了解目标受众的需求和偏好是制定有针对性的阅读推广策略的关键，策划人员需要分析读者的年龄、职业、兴趣等特点，以便为他们推荐合适的资源和服务。

在充分了解本馆的资源与服务后，策划人员可以制定有针对性的推广策略，包括选择合适的推广渠道、设计具有吸引力的推广活动等。这些策略可以帮助图书馆更好地吸引目标受众，提升他们的参与度和满意度，从而推动图书馆阅读推广活动顺利开展。

总之，策划人员充分了解本馆的资源与服务是进行开展阅读推广活动的基础。只有深入了解并充分利用这些资源和服务，才能制定出有效的阅读推广策略，吸引更多的读者使用图书馆的资源和服务。

（2）了解读者需求

互联网上的新创意层出不穷，很容易转移读者的关注点。很多图书馆在策划阅读推广活动时，往往根据惯性思维，没有事先认真调查读者的阅读兴趣和实际需求，与读者沟通不足，用户体验偏少，欠缺双向的深层次交流，导致阅读推广活动的参与者较少。因此，图书馆要紧跟时代发展步伐，了解不同层次、年龄读者的心理需求，融入快乐推广的理念，为图书馆和读者搭建一个良性互动的平台，从而让读者产生共鸣。

首先，通过前期调研了解读者的需求。

阅读推广活动的前期调研很重要，强调以读者为中心，重视读者的体验，充分了解读者的阅读兴趣和阅读爱好，针对用户读者的兴趣爱好进行选题策划，能让读者真正成为阅读推广活动选题策划的参与者。

策划人员可以通过观察或读者调查、访谈、座谈，设置建议箱，图书馆流通数据分析等方法，多方面了解读者需求。调研的方式有问卷调查、有奖问答、现场采访调查等，可以通过社交网站、微信、短信、图书馆主页发放调查问卷进行调研，获取调查数据，也可以充分利用图书馆的官方微博和图书馆馆员的个人微博与读者进行互动，听取读者的意见。在进行调查时，调研者要对读者群进行细分。

其次，根据读者类型进行推介。

图书馆的读者类型包括目的阅读型读者、从众阅读型读者、随意阅读型读者。目的阅读型读者有较明确的目的，他们根据需求选择图书，如阅读考试类书籍、英语学习书籍、论文写作书籍、小说等，这类读者往往有明确的书单，图书馆可根据这类读者的需求补充馆藏，引导其阅读更多相关书籍。从众阅读型读者通常是别人读什么，他就读什么。对这类读者可重点提供荐读服务。随意阅读型读者数量较多，这类读者到图书馆往往没有明确的目标，在书架中看到适意的书就随意看，一般也不会深入地去读某本书，对这类读者可以开具书单进行引导。

**2.明确活动目标**

图书馆阅读推广的最终目的是推广资源与服务，但一项具体活动的开展需要有一个清晰的目标，这样策划才有方向。从近几年的阅读推广活动来看，可初步将活动目标归纳为如下几种。

（1）引导阅读

引导阅读主要是开展专题书目推广或书展活动。这些活动策划主要是立足于读者进行阅读推广，倡导健康的阅读风气，兼具知识性、思想性和趣味性。

①大型讲座。包括各类型文化讲座，旨在促进文化传承和创新。

②小型读书沙龙。主要是欣赏文艺作品、分享阅读感悟、培养人文素养，强调交流分享。

（2）阅读感悟和分享

①读书征文。强调以阅读感想和阅读思考为中心，写出自己不同的见解和真情实感。

②书评大赛。可以是不同主题的书评大赛，或线上微书评活动，字数不限，强调感悟。

（3）资源的推广利用

①针对电子资源，可举行"学术搜索之星"挑战赛，或数据库有奖竞答等活动。

②针对纸质资源可举行"找书达人"图书搜寻大赛，或"书山寻宝"之类的活动，让读者通过游戏和比赛的方式，更快速、更准确地找到所需图书。

（4）加强阅读资源的循环传递

可举办图书互换会、图书漂流活动，让读者各取所需，让书籍在不同的读者之间流动。

3.确定主题

在开展阅读推广活动时，要初步确定活动主题，如书展或读书征文。在确定主题时，如果不想落入俗套，使活动具有学术性、知识性、趣味性，可采用以下方法。

（1）关注社会热点

读者获取信息的途径很多，如微博、微信等，各大主流媒体每天推送的新闻也有很多，图书馆将阅读推广活动与社会热点有机结合起来，能更好地激发读者的参与兴趣。

（2）关注文化机构的热点

图书馆的阅读推广策划人员要经常关注一些文化机构，如出版社、学校、书店等的阅读推广活动。

（3）结合节日或纪念日进行选题

节日或纪念日通常蕴含着历史文化内涵或跟某个重大历史事件相关。图书馆可在节日或纪念日开展相关的阅读推广活动，弘扬传统文化，提高读者的人文素养。

4.整体规划

整体规划需明确的主要问题有：活动主旨、活动主题、活动时间跨度、活动组织方和合作方、活动主要内容、活动的进度、活动子项目任务分工的落实、活动经费预算、活动预期效果、效果评估方法等。整体规划主要从全局统筹阅读推广活动的内容，合理分配人力、财力、物力、技术、时间与空间等资源。以上各项内容都要考虑周全，从必要性和可行性两方面进行决策。另外，要特别注意在策划与实施之间找到平衡点，有些非常好的策划方案因现实条件有限而难以实施，最终半途而废。

5.设计活动方案

在整体策划的统筹下，对于各个阅读推广子项目，还要设计具体的实施方案。实施方案一般由子项目负责人根据统一要求起草，实施方案解决的问题更加具体，包括做什么、怎么做等，都要说明。要做什么，即确定活动主题、活动对象、活动内容、活动形式；怎么做，即确定活动管理方式、活动人力安排、时间安排、活动奖励方式、合作方式以及活动宣传方式（纸媒宣传及微博、微信、图书馆网站、合作网站等新媒体的宣传）。活动主题要鲜明有力，活动内容要贴合读者生活，活动文案要幽默有趣。

# 第二节　智慧图书馆阅读推广的内涵、内容及优势

社会环境的变化及信息技术的不断发展推动了图书馆的转型，在图书馆转型发展之路上，新型服务、新技术不断出现。作为新型的图书馆模式，智慧图书馆将成为图书馆未来建设及发展的新方向。同时，随着阅读推广工作的深化，基于用户需求的阅读推广服务内容也越来越个性化和专业化，以大数据分析与智能技术应用为代表的智慧图书馆的发展为阅读推广带来了新的思路，促使我们思考如何充分发挥智慧图书馆的优势，更加高效地开展阅读推广活动，从而满足用户更加多元化、个性化的阅读需求。

## 一、智慧图书馆阅读推广的内涵

智慧图书馆的发展以更全面的数据感知、更广泛的互联互通、更和谐的人机交互和更深入的智能化为基础。在其支撑下的阅读推广是对用户及资源的大数据感知、汇聚、关联分析以及情境感知、偏好发现、个性化推荐（定制）等，进而形成阅读推广规划、细分推广对象、分析资源推广策略，并且通过用户数据及资源数据的变化情况分析其推广效果。阅读推广最终通过图书馆智慧门户来实现，图书馆的智慧门户由面向馆藏资源管理的资源门户（以资源为对象的管理平台，具有资源采集、管理等功能）、面向读者群体特征的协作门户（具有共同学习兴趣及特征的读者群体形成的学习空间），以及面向个性服务特征的个人门户（具有明显个人特征的学习空间）构成。

智慧图书馆管理系统集成了图书馆用户、资源、管理与服务相关信息，智慧图书馆的阅读推广人员应从海量堆积的交互数据、非结构化数据、动态数据中发现带有趋势性、前瞻性的信息，为阅读推广工作的开展提供更加系统、科学的建议。

智慧图书馆的阅读推广重点是发现用户数据及资源数据背后的规律，了解用户的兴趣偏好，进一步细分用户，注重大众与分众阅读推广相结合，对数字阅读、专业阅读、主题阅读等内容进行深化，以引起不同类型用户的阅读兴趣，提高其阅读能力。

智慧图书馆在阅读推广过程中发挥着主体作用，其不仅要充分利用先进的技术手段和方法进行阅读推广，还需要关注推广对象（读者）的需求导向和阅读习惯的变化。智慧图书馆需要通过对读者的阅读数据、行为等进行深入分析和挖掘，了解读者的阅读需求和习惯，从而制定更加有效的阅读推广策略。另外，读者也是智慧图书馆阅读推广的重要主体。读者的阅读需求和习惯是推动阅读推广不断发展的重要动力。图书馆需要关注读者的反馈和建议，及时调整和优化阅读推广策略，以满足读者的阅读需求。因此，在智慧图书馆阅读推广过程中，图书馆和读者是相互依存、相互促进的关系，共同构成了阅读推广的主体。

## 二、智慧图书馆阅读推广的内容

### （一）面向普通读者的推广内容

主要是培养读者的阅读兴趣、逐步提高读者的阅读能力，可通过游戏等方式引导读者进行阅读，阅读内容以大众阅读为主，以激发读者的阅读兴趣。为了鼓励读者阅读，可开展积分等级排名活动。另外，还可以通过不同读者之间的互动以及对资源的评价，让更多读者去发现优质的阅读资源。

### （二）面向研究者的推广内容

以学科专业相关领域阅读为主，相应的阅读推广人员应监测研究型读者的阅读行为，侧重对学科专业领域阅读资源的推荐。

需要指出的是，在推广实施过程中，需注意时时关注监测用户数据及资源数据的变化情况，以评估阅读推广的效果。通过阅读推广实施前系统的数据调研、实施过程中的数据变化监测和实施后的服务效果用户在线反馈等过程全面进行评估，相关数据包括用户在这段时间内的借阅量、访问量、数字资源的浏览量等变化情况。

## 三、智慧图书馆阅读推广的优势

智慧图书馆阅读推广方式多种多样，主要包括以下几种：

个性化推荐：基于读者的阅读历史和偏好，利用大数据和人工智能技术，向读者推送符合其兴趣的阅读资源，增强阅读的针对性，提高读者的满意度。

社交化阅读：借助社交媒体平台，如微博、微信等，开展阅读分享、评论、点赞等活动，增强读者的参与感，让读者获得更好的社交体验。

线上线下融合：结合线上数字资源和线下实体馆藏，开展线上导读、线下借阅、线上书评、线下分享等多种形式的阅读推广活动，为读者提供多样化的阅读选择。

互动体验活动：举办读书沙龙、讲座、展览等互动体验活动，增强读者的参与感和体验感，激发读者阅读的兴趣和动力。

移动阅读推广：利用移动设备和新型社交媒体平台，如移动图书馆 App、微信公众号等，向读者提供便捷、高效的移动阅读服务，方便读者随时随地进行阅读。

合作推广：与其他机构、企业等合作，共同推广阅读文化，如与书店、学校、社区等合作举办阅读活动，扩大阅读推广的影响力和覆盖面。

总之，智慧图书馆阅读推广方式多样，旨在充分利用现代科技手段，增强阅读的便捷性、趣味性和互动性，吸引更多读者参与阅读活动，推动全民阅读的发展。

### （一）智能技术的大力应用，图书馆服务效果提升

智慧图书馆利用 RFID 技术开展读者服务工作，增强了图书馆的自主性，让图书馆的服务更高效。RFID 技术可以获取大量准确且有价值的数据，通过对读者阅读行为的分析，了解读者需求，增强阅读推广的准确性，同时图书馆的服务效果也得到了很好的提升。

### （二）对象范围不断扩大，阅读推广参与度增强

传统图书馆的阅读推广主要是帮助一些缺少阅读意愿或阅读能力的人群培养阅读兴趣，同时面向特殊人群提供个性化、差异化服务。但在信息技术飞速发展的今天，智慧图书馆更具开放性，图书馆阅读推广覆盖面不断扩大，服务对象不分年龄、职业、国界，吸引了更多的读者参与其中，提高了读者对阅读推广活动的参与度。

## （三）推广模式的多元化，阅读推广服务能力提高

传统阅读推广模式无法适应数字化时代的需求，随着新媒体技术的广泛应用，智慧图书馆的阅读推广模式也不断丰富，服务能力不断提高。只有不断创新阅读推广方法，才能面向不同读者提供多元化的阅读推广服务，进而提高图书馆的服务能力。

# 第三节 智慧图书馆阅读推广体系构建

## 一、以信息库为主体的阅读推广资源体系构建

### （一）资源信息库的建立

阅读推广资源信息库的建立是构建智慧图书馆阅读推广模式的基础，同时也是一项艰巨的任务。阅读推广资源信息库的建立流程如图 4-1 所示。

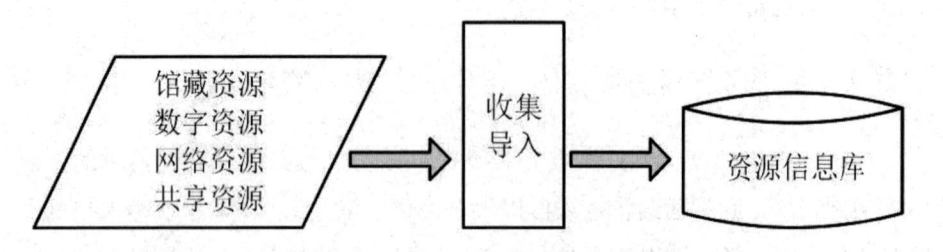

图 4-1 阅读推广资源信息库的建立流程

用于建立阅读推广资源信息库的资源包括四大类：第一类为公共图书馆的馆藏资源，包括图书、文献、音频视频、图片等各类实体资源；第二类为数字资源，包括各类电子资源（如电子书、各类数据库等）；第三类为网络资源；第四类为共享资源（包括图书情报机构的共享资源等）。相关人员需要收集、导入资源数据，并对资源数据进行清洗和预处理，过滤掉无用的信息，尽可能避免重复、冗余以及噪声。

### （二）读者信息库的建立

在阅读推广中，阅读推广的读者信息也是重要的资源。通过读者信息库，阅读推广人员能了解读者的普遍需求与个性化需求，从而制订具有针对性的阅读推广方案。

读者的阅读需求大致可分为三类，分别为读者当下的阅读需求、读者模糊意识中的阅读需求以及读者自身也尚未意识到的潜在阅读需求。对已有阅读行为和阅读需求的读者的需求信息和访问行为进行研究，可以推断出读者没有表达出来的以及未意识到的潜在需求，进而预测读者的需求变化趋势。

第一，以读者信息库中的基本信息为基础，对数据进行筛选、分析、整合以及关联分析和聚类分析，挖掘读者的心智模式、心理特点以及阅读行为规律，并对读者的心理偏好和阅读行为进行分析和评价。利用知识挖掘技术形成更加精准和人性化的"读者画像"。根据每个读者独特的"读者画像"，为其制定更加具有针对性、人性化、个性化的阅读推广模式，比如不同阅读推荐内容的展示形式、不同的人机交互方式等，充分考虑读者的个性化体验需求，提高用户的满意度和满足度，激发读者的阅读兴趣，这也有助于培养读者终身阅读的习惯。

第二，对读者的信息数据进行分析，可将其中用于建立读者信息库的基础数据分为三类：第一类，读者的持久固定信息，如读者的身份信息，包括读者的姓名、性别、民族、年龄、单位、教育程度、地址等信息；第二类，读者的阅读行为信息，即利用跟踪日志以及 Web 日志记录下的读者阅读行为信息，其中包括静态信息（如到访次数、Web停留时间、下载次数、图书点击率等）、动态信息（包括对推送书籍的响应频率、读者的年龄分布、性别比例）等；第三类，读者的个人主观信息，如读者感兴趣的专业领域、喜欢的图书类型、反馈信息以及提出的改进意见等。

第三，收集和导入读者的三类基础数据，并在建库前对基础数据进行预处理，减少数据的冗余和无关信息的干扰，为知识挖掘提供更加规范和有用的数据。对预处理之后的数据进行分析和挖掘，提取输入信息的概念和主题，解析用户信息库的字段，将数据添加到读者信息库中。

读者信息库需要根据Web日志以及跟踪日志的变化进行更新。建立读者信息库，可以从中挖掘出更多有价值的信息，从而提高阅读推广模式对读者需求和发展趋势的匹配度。

## 二、以平台为主体的阅读推广服务体系构建

从宏观角度来看，智慧图书馆首先要构建广泛互联的智慧服务模式，其中主要内容包括馆馆相联、网网相联、库库相联以及人物相联；其次要构建融合共享智慧服务模式，其主要内容包括三网（电信网络、有线电视网络和计算机网络）融合、跨界融合、新旧融合以及多样融合。

从微观角度来看，构建智慧图书馆阅读推广服务体系，需针对不同的阅读推广平台来构建相应的智慧化服务模式。

智慧图书馆可分别以移动图书馆、网络平台为主体来构建相应的阅读推广服务体系。

### （一）以移动图书馆为主体

由于时间以及空间的限制，传统图书馆的资源很难全部被读者利用，造成了阅读推广活动存在局限性。而通过移动图书馆，读者既可以随时随地利用智

慧图书馆的各类资源，同时也可以随时随地与智慧图书馆以及其他读者建立联系，方便读者进行阅读，在全民范围内进行阅读推广。

在移动互联网信息技术的推动下，图书馆阅读推广模式以及读者的阅读需求范围、阅读需求方式及需求内容都发生了显著变化。移动图书馆可以准确地把握读者的需求范围，配合读者的阅读方式以及明确读者的阅读需求内容等。读者可以借助智能手机等移动阅读设备，通过无线接入的方式随时随地访问智慧图书馆。

移动图书馆能为读者提供更加便捷的阅读推广资源获取通道。移动图书馆可将智慧图书馆知识库中的资源与读者进行直接对接，为读者提供丰富的数字资源，并且读者可以随时随地直接获取这些资源。

移动图书馆为读者提供了更加丰富的个性化智慧服务。移动图书馆在阅读推广活动中可为读者提供阅读参考咨询、个性化信息推送、阅读资源馆藏查询及日常借阅服务等。其中，个性化的阅读信息推送、推送资源的丰富性以及推送的及时性是读者在使用移动图书馆过程中应该重点考虑的内容；馆藏查询和日常借阅服务从传统的实体图书馆的平台转移到了移动平台，给读者带来了便利，其操作的便捷性同时也得到了读者的认可。

（二）以网络平台为主体

网络时代的到来，使得阅读的途径、阅读的方式、阅读的规模以及阅读呈现出来的特征等发生了巨大的变化，相应的阅读推广模式也发生了相应的变化。一方面，通过访问网络平台可以满足读者随时随地的阅读需求并与读者建立长期、紧密的联系，促进阅读推广有效、持续地进行。另一方面，通过社交网络平台，如豆瓣、知乎、微博、微信等，可进行社会化的阅读推广活动。

网络平台使得阅读推广的形式更加灵活。例如，可通过周期性的持续阅读推广与常规性的日常阅读推广相结合的形式进行阅读推广。此外，还可利用全媒体开展阅读推广活动预告、读者交流及留言、培训讲座、真人图书以及新书推荐等活动，这些活动可大大丰富阅读推广的形式。

此外，还可通过网络平台（如豆瓣、微博等）提供阅读推广书目、阅读活动信息推送服务，利用相关的工具和载体为读者建立属于自己的个性化阅读知识库，方便读者随时进行阅读和查询，读者也可以就相关书籍进行讨论和交流。

# 第五章 智慧图书馆阅读推广的现状分析及优化路径

## 第一节 智慧图书馆阅读推广的现状分析

智慧图书馆运用现代信息技术，重塑了图书馆的工作模式，拓宽了图书馆的服务范围，深化了图书馆的核心内涵。智慧图书馆的阅读推广具有更丰富的内容、更多样的形式、更多元的平台、更智慧的服务模式。

### 一、智慧图书馆阅读推广面临的机遇

（一）阅读推广的渠道和形式多样化

随着科技的不断进步，智慧图书馆已成为公共图书馆建设的重要方向。智慧图书馆借助信息技术的发展，为阅读推广提供了更加便捷、多样化、个性化的渠道和形式，从而扩大了阅读推广的影响范围。例如，智慧图书馆可通过在线阅读推广活动、微信公众号等多种渠道开展阅读推广工作，为读者提供线上分享、互动、交流的平台。此外，智慧图书馆的数字资源也为读者带来了更好的多媒体阅读体验。例如，北京市图书馆推出了一系列有声读物，涵盖文学、历史、科学等各个领域，不仅可以丰富读者的阅读体验，同时也可以帮助读者

更好地理解书中的内容。

## （二）阅读推广的精确度和效率提高

智慧图书馆的建设为阅读推广提供了更多的技术手段，进一步提高了阅读推广的精确度和效率。

一方面，智慧图书馆通过数据挖掘和分析技术，深入了解读者的阅读偏好、阅读习惯、阅读兴趣等方面的信息，为制定阅读推广策略提供了有力的依据。相关人员可以利用智慧图书馆系统收集读者的借阅记录、阅读记录、评分记录等数据，制订阅读推广方案，使阅读推广内容更符合读者的需求，提高阅读推广的效果。例如，上海图书馆利用大数据技术和人工智能技术对读者的阅读习惯和兴趣进行分析，为读者提供了更加精准的阅读推荐服务。其图书管理系统可以根据读者的阅读历史、评分历史等信息，智能地推荐读者感兴趣的书籍、期刊等阅读材料。此外，该系统还具备阅读分析、知识点推荐等功能，能为读者带来更加全面、专业的阅读体验。

另一方面，智慧图书馆可以借助数字化技术，实现对图书的精准分类和管理，进而提高阅读推广的精确度和效率。传统的图书分类方式一般采用文献分类法，即根据图书的主题和内容进行分类，这种方式存在分类标准主观、分类效率低等问题。而在数字化时代，智慧图书馆可通过自然语言处理、机器学习等技术对图书进行自动分类和标注，使得读者可以通过图书主题的关键词快速查找相关图书。

## （三）阅读推广的互动性与参与性增强

在智慧图书馆的阅读推广活动中，读者不再仅是单向接收信息的被动接收者，还是积极参与和互动的主体。首先，智慧图书馆提供了多种交互式的阅读方式，比如数字阅读、多媒体阅读等，使读者可以在阅读过程中获得更加直观、立体的体验，激发他们的阅读兴趣和热情。其次，智慧图书馆还可开展各种形式的读书活动，如读书分享会、读书沙龙、阅读比赛等，提高读者参与的积极性，增强读者与图书馆之间的联系和互动。最后，智慧图书馆通过引入社交媒体和在线交流平台，如微信、微博、图书馆网站等，为读者提供了一个互动交流的平台，加强了读者之间的交流和互动，同时也方便图书馆了解和回应读者的需求和反馈。

## 二、智慧图书馆阅读推广面临的挑战

全媒体阅读时代的到来，让阅读从阅读本身变成了一种多感官参与的沉浸式体验活动，这给智慧图书馆阅读推广带来了新的挑战。

### （一）全媒体阅读时代阅读载体的更迭

大数据、物联网、云计算等新兴技术的发展及各类智慧平台的开发与投入使用，不仅在潜移默化中改变了人们的生活方式，也给图书馆行业带来了深刻变革。读者的生活方式和行为习惯都发生了巨大的变化，而阅读载体也从传统的书籍、报刊到各类音频、视频、图像等，抖音、微博等社交平台的出现让知识信息获取的方式呈现出更加多元化、碎片化的特点，阅读开始呈现出移动化、数据化、社交化的特点。

### （二）大数据阅读趋势下阅读内容的优化

海量的数据存储技术与众多新一代数字化技术手段的快速发展，改变了信息的获取方式：一方面，众多声音、图像、视频等信息转换为可阅读内容，极大地拓展了阅读的范围与信息知识的获取渠道；另一方面，数字技术的发展实现了精准推送，为受众的阅读提供了更多便利。

### （三）多元化阅读模式下阅读方式的改变

智慧图书馆的建设使阅读方式越来越多元化。智慧图书馆作为城市第三空间的特征越来越明显,是城市的书房、会客厅,在众多智慧图书馆可以看到各种类型的空间建设,如阅读角、咖啡馆、创客空间等。与此同时,众多网络空间的建设发展让智慧图书馆的场所呈现出泛在化、虚拟化、智能化的特点,在新一代智慧图书馆建设过程中,阅读的场景变得更加多元化。就阅读体验而言,现有技术的发展与应用让读者的阅读体验更加丰富,为读者营造了融视觉、听觉、触觉为一体的体验化的阅读情境。就阅读的目的而言,阅读已经不仅停留在阅读本身,还具有一定的交流与娱乐功能。因此,智慧图书馆的阅读推广活动具有一定的社交娱乐属性。

## 三、智慧图书馆阅读推广存在的问题

### (一)忽视了用户阅读行为与资源之间的相关性研究

图书馆馆藏资源的利用情况与读者的阅读兴趣、阅读行为、搜索轨迹等密切相关,挖掘、分析读者阅读行为数据,了解其阅读兴趣,并向读者推荐相关馆藏资源,可以提高馆藏资源的利用率、节省读者搜索时间。智慧图书馆的阅读推广往往只关注馆藏借阅量与阅读推广的关系,容易忽视用户阅读行为和馆藏资源、用户与用户、资源与资源之间的变化规律及相关性分析,这些相关性直接影响着读者的阅读质量、阅读体验等,阅读推广的初衷正是引导读者进行深度阅读,并提升读者的阅读能力。分析数据背后用户与用户的相关性,可以识别有着共同阅读兴趣的读者,以便其进行阅读分享、交流体会。

### (二)忽视了用户阅读需求及相应智能技术的应用

以往智慧图书馆的阅读推广数据支持较少,阅读推广效果以图书借阅量为判断标准,缺乏对用户阅读行为数据的分析,没有了解读者的阅读兴趣及阅读需求。对读者搜索行为、阅读记录、收藏评价等行为进行有效的分析,有利于掌握读者的偏好需求、阅读兴趣,从而有针对性地开展阅读推广活动。同时,除了利用时下较为流行的微博、微信等新媒体技术进行推广外，较少有探索智能技术在阅读推广中的应用。面对数字阅读的迅速普及和用户阅读方式的多元化，智慧图书馆的阅读推广应将传统阅读推广和数字阅读推广相结合，并利用智能技术推动阅读推广的深入发展。

### （三）忽视了数字阅读及专业阅读推广

根据我国国民阅读调查相关数据，我国国民数字阅读率逐年上升、电子书阅读量逐年上升、纸质书阅读量逐年下降、移动端阅读时长逐年增加。然而，当下所开展的阅读推广活动较重视馆藏实体资源及场所的要求。同时，以往阅读推广活动的推广主体主观性较强，推广主体自己决定了推广内容，缺乏合理性且都是以大众阅读为主，资源类型偏向于借阅量较高的文学小说类的图书，推广主体多围绕借阅量排行、文学奖、畅销书等主题开展阅读推广活动，较少涉及专业性阅读推广内容。

## 第二节　智慧图书馆阅读推广的优化路径

### 一、融入智能推荐，优化推广资源

馆藏资源智能推荐最大的特点是分析单一用户、多用户之间信息行为与资源之间的相似性来匹配资源，智慧图书馆阅读推广的基础是资源的推荐及推送，相关人员可通过用户在智慧图书馆系统中的阅读、检索、交互等历史记录来挖掘用户的情感偏好、兴趣偏好以及社交偏好等。这些属性特征可以在用户评论中表现出来，也可以看作选择推广资源的依据。

此外，在用户网络交互关系中融入推荐算法可以增强推荐的准确性。用户之间的网络社交关系可能是显性的（如相互关注的好友），也可能是隐性的（如用户之间共同讨论了某个阅读资源），对用户情感偏好、兴趣偏好进行分析，可以计算出用户之间的相似度，即挖掘用户的社交偏好，从而更好地挖掘用户的目标资源，实现更精准的智能推荐，为用户提供更加个性化的数字阅读推荐服务。

## 二、聚焦读者需求，深耕阅读服务

智慧图书馆建设下的智慧阅读推广服务是公共图书馆传递信息资源、促进全民阅读高质量发展、优化公共文化服务生态的重要标志。结合智慧图书馆建设进程，开展智慧阅读推广服务，深耕读者服务，要以用户需求为基础，推进人才队伍建设，提升阅读推广服务质量。

### （一）基于用户需求，针对性开展工作

智慧图书馆秉承以人为本的理念和人文关怀的价值观，其个性化智慧服务以用户为中心，以用户需求为导向，具有场景性、知识性、主动性、实时性等特点，能体现人文情怀和人文智慧。智慧图书馆可借助大数据、用户画像等信息技术分析用户数据，深入了解读者需求，加强信息交互，避免单向阅读推广，向不同读者群体差异化地推送信息，使用户在知识服务、阅读推广、场景推荐、主动定制等多种模式的个性化智慧服务中感受图书馆的人文关怀和人文智慧。

### （二）提升服务质量，打造阅读品牌

智慧阅读推广服务工作要顺应时代发展潮流，关注读者需求，培养阅读兴趣，激发阅读热情，引导阅读经典，提升阅读素养，提升智慧阅读推广的服务

效果，赋予阅读推广长久的生命力，助力智慧图书馆建设。

信息技术发展的浪潮给图书馆行业带来了深刻变革，重新诠释了图书馆的服务理念，改变了用户的行为模式，指明了图书馆的建设方向，重塑了馆员的角色定位。在此背景下，发展完善与之相匹配的智慧阅读推广服务是当前图书馆读者服务工作的重中之重，智慧化的阅读推广服务应高效化、多元化、精准化、个性化。因此，智慧图书馆的相关人员在开展阅读推广活动时，只有充分掌握新兴信息技术，合理利用资源优势，关注读者阅读需求，才能与时俱进，精准高效地开展阅读推广工作，不断提高公共图书馆为读者服务的能力。

## 三、智慧空间再造，挖掘潜在资源

传统图书馆越来越难以满足数字化时代读者多元化的信息需求，在阅读推广的过程中，传统图书馆的空间设置已不适应阅读推广工作的发展要求，甚至成为一种障碍。为适应新变化，以高品质的公共文化服务满足读者需求，智慧图书馆应依托馆藏资源，通过空间再造、活动升级、技术融合、专业服务等手段，以创造性的方法、创新性的手段，引发潜在的阅读需求，提高阅读推广活动的效果，实现阅读推广服务升级。

## 四、推进智慧阅读，建设专业的人才队伍

新形势下，为了满足读者个性化、多元化的信息需求，图书馆应以提高服务水平为目标，以满足读者需求为任务，丰富阅读推广工作的内容，加强阅读推广人才培养，构建科学的人才培养体系。建立阅读推广人才培养的长效机制，有助于提高阅读推广活动的效果，促进阅读推广事业不断发展。阅读推广专业人员不仅要具备阅读推广职业素养、掌握现代化信息技术，还应具备公关能力、品牌营销能力，为读者提供更加专业的阅读推广服务。

## 五、跨界合作，推广常态化

数字时代，阅读推广工作的开展单靠一个部门、一个单位的力量是不够的，只有广泛地与其他部门、其他行业合作，才能使阅读推广活动达到最佳的效果。跨空间资源的开发合作、资源整合，是构建资源互补、协调发展的跨界合作推广模式的重要方式。跨界合作阅读推广模式可以实现跨学科融合共享、跨部门资源协作、跨空间资源整合，起到推进全民阅读的积极作用。建立跨界合作推广常态化的工作机制，能为图书馆阅读推广工作的开展提供保障，进一步促进阅读推广工作高效、持续、长久地发展。

随着智能技术的发展，不断创新阅读推广模式是智慧图书馆发展的时代要求，只有全面了解读者的阅读需求，精准地开展阅读推广工作，逐渐形成智慧化的阅读推广体系，才能全面提高智慧图书馆的服务水平。

# 第六章　图书馆的智慧化转型实践案例

## 第一节　湖北省图书馆的智慧化转型

湖北省图书馆是国家一级图书馆，曾获得全国全民阅读示范基地、全国古籍保护工作先进单位、全国盲人阅读推广优秀单位、省级文明单位等多项光荣称号；是全国古籍重点保护单位、全国科普教育基地、湖北省廉政教育基地、全省法治教育基地、湖北省直机关党员干部教育基地。

湖北省图书馆新馆总建筑面积10.23万平方米，分为阅览室、体验区、研究室、报告厅、展览厅等。截至2022年底，馆藏总量978万余册（件），外购数据库资源总量达918.234 T，被誉为"楚天智海"。馆藏中，尤以古籍善本、地方志、民国文献、湖北地方文献等最富特色。

湖北省图书馆坚持全年不间断开放，为读者提供文献借阅、信息咨询、课题检索、公益讲座、数字资源利用等服务，培育和打造"长江讲坛""长江读书节""童之趣少儿读书节""光明直播室""沙湖书会"、公共数字文化惠民月、魅力文化公益展览等服务品牌活动。随着新媒体技术的快速发展，湖北省图书馆不断通过门户网站、移动图书馆、微信等方式为公众提供更丰富的数字资源。

湖北省图书馆设有"湖北省典籍博物馆""湖北方志馆""徐行可纪念图

书馆"等特色馆，首创"廉政文化图书馆"和"全国讲座资料中心"。组织湘、鄂、赣、皖、晋、豫六省公共图书馆联盟。按照湖北省委、省政府要求，努力管理好"藏书之书"和"讲座之书"。实施"服务立馆、人才兴馆、科技强馆、特色亮馆"四大战略，以古籍大馆、少儿图书馆大馆、地方文献大馆、特色图书馆大馆、数字图书馆大馆"五个大馆"为支柱，构建"国际知名、全国一流、中部领先"的学习型、研究型、创意型、示范型智慧图书馆。

## 一、湖北省图书馆的智慧服务

### （一）大数据整合服务

在智慧服务方面，湖北省图书馆主要是利用大数据整合服务，实现个性化的阅读推广。2018年底，湖北省图书馆向社会公开招标，组织了"湖北省图书馆大数据整合项目"竞争性磋商采购活动，最终与武汉信安珞珈科技公司达成交易，公司负责湖北省图书馆一年的大数据整合业务。该公司依托"国产＋开源"相结合的成熟大数据基础技术组件，构建以分布式和并行计算为核心特征的大数据采集、存储、管理、检索、分析挖掘和可视化技术平台。

由于大数据整合服务属于外包项目，所以具体系统架构和相关参数无从得知，但可以知道的是，在湖北省图书馆内，大数据分析主要用于两方面：图书跟踪和阅读推荐。其他如新书推荐、微信粉丝量、停车位等图书馆服务数据，以及借阅情况、馆藏量、读者构成、分馆情况等图书馆业务数据，也都在大数据整合服务范围内，也会进行分析处理和可视化展示，但相对来说，对图书馆决策层面的影响较小。

湖北省图书馆的采编部门与高校、高新信息技术企业的技术人员共同进行了公共图书馆智慧化信息资源建设方面的理论研究，即"引智工程"。其理论研究成果被转化为实际的应用，借此湖北省图书馆建立了一个智能化文献资源采集分析平台，该平台可对馆内文献资源的浏览和利用进行全程跟踪并及时提供指导。

传统图书馆只能通过调查部分读者需求信息的方式来进行调研,对读者需求的整体把握不是很准确,资源利用率不高。但在大数据整合服务系统的支撑下,湖北省图书馆可以对馆内读者的阅读行为、借阅信息和图书馆网站上的读者需求信息、图书热门程度等数据进行分析和处理,建立一个文献资源采访的数据模型,这样不仅能加快采购方案的制订速度,还能让采购的文献资源更符合读者的需求。当第一批采购完成后,再借助大数据整合功能分析这一批文献资源的查询率和借阅率,同样通过一个数据模型采用量化的方式来决定文献资源的副本数,从而大大提高文献资源的利用率、降低购买成本,并且也能为读者提供更加优质的服务。

此外,湖北省图书馆利用大数据整合服务,对图书馆网站上的用户搜索、点击、阅读数据和馆内读者的借阅行为进行处理,不仅可以获得文献资源利用率的相关信息,还可以了解用户的阅读习惯、兴趣取向,挖掘用户的潜在知识需求,为用户提供个性化的阅读推荐服务。

(二)在线智能客服机器人服务

随着越来越多的用户在网上了解各种文献,如何快速、准确回复读者的咨询便成了影响图书馆服务质量的一个重要问题。湖北省图书馆面临着图书文献多、服务内容广、咨询问题大量重复等问题,而用户也渴望获得更及时的咨询响应。据统计,在用户咨询的问题中,有85%的问题都是常规咨询,为了高效地解决这85%的问题、节省客服人力成本,湖北省图书馆选择采用在线智能客服机器人来解决这一问题。

在线智能客服机器人可以将用户的咨询分为两类,一类是常见业务问题咨询,另一类是复杂业务问题咨询。常见业务问题咨询如常识解释、借阅规则、文献检索等,智能客服机器人可以直接进行回答,而复杂业务问题咨询则需要对用户进行业务引导。业务引导就是根据咨询用户的行为,在理解语义的基础上将相关问题列出,供用户选择。在线智能客服机器人还有服务导航功能、智能查询功能、拓展服务功能和智能聊天功能等。

### （三）线上自助服务

湖北省图书馆为用户提供便捷的线上自助服务。在线上，用户可以通过移动终端，通过支付宝、微信、湖北省图书馆 App、湖北省图书馆官网等多个渠道，享受到如注册账号、查询馆藏文献、续借和业务咨询等服务。湖北省图书馆还提供支付宝和微信的支付渠道供用户使用，用户使用移动终端来进行支付，既可以免去随身带现金的麻烦，又可以节约排队的时间，同时还大大地减少了馆员的工作量，对于图书馆和用户来说都十分便利。

此外，用户还可在线上参与湖北省图书馆举办的各类活动，如讲座、阅读推广、读者培训等。

### （四）数字推广服务

湖北省图书馆尤其重视数字资源的推广，数字资源推广活动主要是对馆内的各个数据库进行介绍，让读者对馆藏数字资源有一定了解并学会使用。湖北省图书馆对数字资源推广活动的宣传包括线上和线下两种方式，线上主要通过 QQ 或微信群、微信公众号、微博等方式进行宣传并与用户进行交流，收集用户反馈信息。在读者培训方面，湖北省图书馆有"信息素养月"活动，主要在寒暑假等读者较多的时间举行。在讲座方面，湖北省图书馆的"长江讲坛"远近闻名。除此之外，湖北省图书馆还与数据库供应商合作，共同为读者举办数字资源专题讲座。

### （五）专业知识服务

湖北省图书馆还有专门针对科研人员的知识服务，科研人员可以根据不同研究阶段的不同需求，在湖北省图书馆的信息咨询部享受到个性化的信息检索与收集服务。在这方面，湖北省图书馆有着馆藏资源丰富的优势，可以提供有针对性、连续性的服务。

（六）特殊人群服务

除人脸识别系统外，湖北省图书馆还引入了许多智能化设备，进行了许多智能化设计。如根据不同用户人群设置不同的设施，首先在少儿区设计少年儿童专用的书架、桌椅、主题背景等；其次专门为残障人士设计一些特殊设施，如轮椅通道、专用电梯、专用厕所等；最后还考虑到中文报刊部的老人较多，为老人专门设计读报桌、便于识别的分类标志、特殊书签等。这些设计能让不同的用户人群在馆内享受到更好的服务，提高馆内用户的留存率，使他们能在更舒适的环境中获取知识。

（七）绿色智能服务

对于馆外的智能设备，湖北省图书馆新馆秉持着节能环保、绿色生态的建设理念，馆舍可以对太阳能和雨水进行回收和利用。馆内则有朗读亭供用户使用，用户可以在一个密闭的小空间里自己选择诗词或文章进行朗读，加深对诗词或文章的理解；电子读报屏也是一个能提高图书馆服务质量和智能化程度的设备，用户可以使用触屏的方式在电子屏上查看文献资源，获得与纸质文献资源不同的阅读体验。

## 二、湖北省图书馆智慧化转型遇到的问题

随着5G时代的来临，湖北省图书馆如何从传统图书馆完成向智慧图书馆的转型，是摆在相关管理者面前的一个需要深入思考的问题。

## （一）信息资源建设方式过于单一

5G 时代，网络速度快、带宽高、成本低，用户将会更多地使用音频、视频的方式进行学习和交流，甚至当 5G 网络成熟后，VR 视频、4G 超高清视频也会成为一种基础的传播资源。这种信息传播方式对传统图书馆的业务范围、系统架构来说是一个极大的挑战。目前，湖北省图书馆的资源种类丰富，包括纸质文献资源、数字化文献资源、音视频资源等，不过采编部每年的花费主要在纸质文献资源和数字化文献资源上，音频、视频类资源非常少。在传统图书馆向智慧图书馆转型的过程中，必须存储各种类型的资源为用户提供服务，并且要很好地组织和传播这些资源。要做到这些，图书馆必须采取新的信息资源建设方式，重组业务流程、调整系统架构、改变服务方式。

## （二）图书馆系统管理平台落后

目前，湖北省图书馆的图书管理系统有新旧两个版本，虽然新版本的功能更加齐全、系统框架更加清晰，但许多老员工已经习惯旧版本系统，他们认为使用旧版本的工作效率更高。以目前的情况来看，十几年前的图书馆管理系统至今仍在使用，虽然 5G 时代已经到来，但更加先进的平台和系统框架在短时间内还难以被大众接受。

对于智慧图书馆来说，使用开源系统让用户参与图书馆的管理工作可能是未来图书馆系统管理平台的一个新选择，用户不单单指图书馆读者，还包括系统平台的开发人员。湖北省图书馆的系统管理平台与大多数公共图书馆一样都是外包给企业来做的，但外包企业的程序员常常与馆员有不同的意见，馆员要求该系统具备一些企业认为在当前框架下无法实现的功能。那么，使用开放式的系统管理平台就能解决这个问题，既可以节省系统的开发成本，又能缩短开发时间，同时用户自己开发的系统往往更符合自己的需求，这样，系统的可拓展性也比传统图书馆更强。

## 三、湖北省图书馆智慧化转型的措施

### （一）建立总分馆制度

图书馆的总分馆制度是指指定一个图书馆为总馆，作为中枢核心管理其他分馆，而整个图书馆群中的所有图书馆都由同一个社会团体支持、由同一个社会机构管理。

总分馆制度有许多优点，首先可以拓宽图书馆服务范围，其次可以对信息资源进行共建共享，既提高了图书馆的服务质量，也节省了图书馆的各项成本。目前，国内有两种总分馆建设模式比较具有代表性，一是山西省图书馆系统业务总分馆建设模式，其是在现有行政隶属关系、人事关系和经费来源不变的情况下，以省馆为总馆，以各市、县公共图书馆以及其他类型的图书馆为分馆。该模式旨在实现全省范围内图书馆资源的共享、协同作业和服务创新，提高图书馆服务水平和效率。二是杭州图书馆特色主题分馆建设模式，杭州图书馆特色主题分馆建设模式是一种新型的图书馆服务模式，它以主题为核心，通过社会化合作和自建相结合的方式，建设具有专业性和能提供体验式互动服务的特色主题分馆。杭州图书馆在主题选择上注重与市民生活、城市文化紧密结合，各主题分馆根据不同主题的特点和读者需求，提供多种形式的体验式服务，如科技分馆的科普教育、音乐分馆的音乐欣赏和演奏等，使读者可以在不同的主题分馆内获得个性化的阅读体验。这两种总分馆建设模式都值得湖北省图书馆学习。

在建立图书馆总分馆制度的过程中，5G 也能起到至关重要的作用。由于总分馆之间的地理条件限制，总馆与分馆之间主要依靠网络来进行沟通。目前，大多数图书馆的总分馆之间为了数据安全，主要是通过点对点数据专线的形式进行信息传输。点对点数据专线技术与互联网技术相比有许多不足，一是非常依赖网络基础设施，二是带宽传输能力不足。前者会导致一些网络基础设施不健全的区域无法实现总分馆之间的通信，后者则会导致总馆部分码流率较大的视频资源或其他需要高带宽传输的数字资源无法提供给分馆。而 5G 网络既具有切片技术，能保证数据的安全性，又具有连续广域覆盖的特点，弥补了网络基础设施不足的缺陷；5G 网络还具有高速率、低时延、高带宽的基础传输性能，能够解决点对点数据专线技术的问题。随着 5G 网络的不断发展，总分馆建设模式中网络的限制将会被打破，分馆可以更好地利用总馆的各类型资源为读者提供更优质的服务。

## （二）优化云计算技术

云计算技术具有安全性高、计算能力强、节省资源等特点，将图书馆本地服务器中的数字资源放到云端既可以加快处理速度、又可以降低成本，不再受到服务器性能的限制。借助 5G 技术，云计算技术能够更好地发挥技术优势，推动智慧图书馆的发展与建设。

由于大数据整合处理服务的外包，图书馆内部对于云计算技术的应用主要集中在云服务平台上。例如，浙江图书馆的"U 书"快借业务，用户通过浙图官网、支付宝服务窗口、微信服务号，实现线上选书，快递人员送书，相关费用由浙江图书馆支付，服务范围涉及全省 11 个地区 78 个县级行政区；广州图书馆和广州少年儿童图书馆采用读者需求主导式的采购模式，大大提高了馆藏资源的利用率和图书的复借率。湖北省图书馆也应充分利用 5G 技术，优化云计算技术，不断拓展服务范围，丰富服务形式。

## （三）推动图书馆智能化升级

人脸识别、无感借阅、超高清视频、大数据精准推送、智能客服机器人、智能安防、馆间协同合作等众多智慧图书馆智能化升级项目都需要 5G 的支撑。5G 环境下的智慧图书馆能给读者提供更加智能化且个性化的服务。当然，目前要一次性完成图书馆场馆智能化升级是不现实的，但可以一步一步地进行完善。湖北省图书馆的人脸识别系统已经较为成熟，下一步可以选择技术较为完善的一些设备进行试点，如图书智能借阅柜，它可以运用人脸识别技术，微信或支付宝电子证等认证方式，结合支付宝区块链技术进行追踪溯源，还能借助大数据技术进行分析决策。总之，湖北省图书馆应充分利用 5G 技术，推动图书馆智能化升级。

## 第二节　闽江学院图书馆的智慧化转型

闽江学院图书馆是学校信息资源与服务中心，组建于 2002 年 9 月，由校本部、首山路校区两个校区的图书馆组成，校本部图书馆建筑面积有 1.18 万平方米，阅览座位 1 780 席。馆舍整体造型庄重沉稳，色彩风格与整个校园保持一致，与周围建筑群相协调，注重生态效果，凸显文化氛围和园林特色，内部环境舒适、美观。经过多年的建设与发展，闽江学院图书馆已逐步建立内容丰富、结构合理、载体多样的文献信息资源保障体系。截至 2023 年 9 月，图书馆馆藏总量达 434.1 604 万册，其中，纸质图书 208.0 278 万册，人均纸质图书 113.48 册，电子图书 226.1 326 万册，另有各类期刊报纸 3 700 种，84 个中外文电子数据库，自建"闽都文化特色库"等数据库，磁盘存储 192 TB。

闽江学院图书馆秉承"读者为本、特色立馆、主动服务、全力保障"的办馆理念，努力完善信息服务功能，创新读者服务模式，提供多层次、高水平的信息资源服务。实行藏、借、阅、检索与咨询一体化管理与服务模式，周开馆时间约 96.25 小时，网络服务每日 24 小时不间断，无线网络覆盖全馆。

闽江学院图书馆除提供常规的书刊借阅服务外，还可提供馆藏书目信息查询、光盘下载、新书通报、网络数据库检索、多媒体资源浏览、虚拟参考咨询、读者导读、馆际互借与文献传递、移动图书馆、学科信息导航等形式多样的电子信息服务，以及情报分析等深层次信息服务。同时，图书馆建立了学科馆员制度，积极提供专业化、个性化的学科服务，为学校的学科建设提供支持。闽江学院图书馆还通过开展信息素养培训讲座，丰富学生的信息检索技能，培养学生的信息素养。

## 一、闽江学院图书馆智慧化转型现状

### （一）硬件支撑

闽江学院图书馆的历任馆领导都十分重视图书馆的硬件建设，从图书馆的空间布局规划到设备引进，都经过了充分的调研、论证。由于存在未来新馆搬迁的现实情况，现阶段本馆对新设备的引进采取小批量引进的"小步快跑"策略。这样一方面能让工作人员有机会熟悉新设备、新技术，以解决当下图书馆对外服务的"燃眉之急"，另一方面也能为新馆大规模引进智能设备提供经验。闽江学院图书馆引进的托管服务器如图 6-1 所示。

图 6-1　闽江学院图书馆引进的托管服务器

1.建立 C/S 架构的网络模式

C/S 架构是一种典型的两层架构，其全称是 Client/Server，即客户端/服务器端架构，其客户端包含一个或多个在用户的电脑上运行的程序，而服务器端有两种，一种是数据库服务器端，客户端通过数据库连接访问服务器端的数据；另一种是 Socket 服务器端，服务器端的程序通过 Socket 与客户端的程序通信。

C/S 架构也可以看作客户端架构。因为客户端需要具备界面展示功能，在这种架构中，作为客户端的部分需要承受很大的压力，因为显示逻辑和事务处理都包含在其中，通过与数据库的交互（通常是 SQL 或存储过程的实现）来存储数据，以此满足实际项目的需要。

闽江学院图书馆将服务器托管于学校网络中心机房，由机房专业技术人员全天候咨询维护，不仅省去了图书馆对维护人员的支出，还使图书馆的技术人员可以将更多的时间和精力投入客户端的维护过程，实现基于 C/S 架构的网络模式。学校网络中心机房如图 6-2 所示。

图 6-2　学校网络中心机房

2.引进智能化设备

闽江学院图书馆采取边引进边探索的方法，积极引进自助借还机及自助打印复印机等智能化设备，如图 6-3 和图 6-4 所示。同时，闽江学院图书馆还不断对智能化设备进行升级，为下一步新馆智能化建设进行技术储备。

图 6-3　自助借还机

图 6-4　自助打印复印机

## （二）资源支撑

闽江学院图书馆十分重视信息资源，特别是数字信息资源的建设。

### 1.特色数据库建设

闽江学院图书馆结合本校教学科研重点，自建及与相关院（系）共建了闽江学院特色数字资源系列数据库。其中，闽都历史名人数据库主要收录了与福州地区历史文化有关的名人生平史迹、著述文献、学术研究等；海西地方财政数据库主要收录了与地方财政相关的统计年鉴、电子图书、期刊论文、网络资源；海西服饰文化数据库主要收录相关学术专著、研究论文；三坊七巷数据库收录了相关的视频讲座、纪录片集、学术专著、期刊论文、学位论文、会议论文；特色外文馆藏数据库主要收录了国内外出版的外文图书，相关外文图书覆盖社会科学、文化教育、生命科学、自然科学、艺术文化等多个领域；船政文化特色数据库主要收录了与福州马尾船政相关的史料、专著、论文、报纸等；闽江学院学术成果数据库主要收录了学院教师的学术专著、研究论文、获奖课题等内容；福州非物质文化遗产数据库收录了有关福州的民间音乐、传统戏剧、曲艺、民间美术、传统手工技艺、民俗等资料；特色教材数据库则收录了近年来的精品教材。

近年来，随着抖音等多媒体交互平台的兴起，闽江学院图书馆也积极顺应潮流，自主创作基于闽都文化的特色视频库，依托新媒体平台加以推广。

**2.共享平台建设**

闽江学院图书馆积极对接福建省高校数字图书馆，这体现了闽江学院图书馆在资源共建共享、阅读推广等方面的积极态度和实际行动。对接福建省高校数字图书馆，可以为闽江学院师生提供更加丰富多样的学术资源和阅读服务，促进学术交流和研究。

具体来说，闽江学院图书馆与福建省高校数字图书馆之间的对接主要体现在以下几个方面：

资源共建共享：通过共享福建省高校数字图书馆的资源，闽江学院图书馆可以丰富自身的馆藏资源，提高资源利用率，同时也可以为师生提供更加便捷、高效的资源获取途径。

阅读推广：闽江学院图书馆可发挥福建省高校数字图书馆的平台和资源优势，开展多种形式的阅读推广活动，如读书文化节、学术讲座、展览等，吸引更多的师生参与阅读，提高其阅读能力。

学术交流：通过福建省高校数字图书馆平台，闽江学院图书馆可以与其他高校图书馆进行学术交流与合作，分享经验、探讨问题、共同提高，推动高校图书馆事业的发展。

总之，闽江学院图书馆积极对接福建省高校数字图书馆，不仅可以为师生提供更加优质的学术资源和阅读服务，还可以促进学术交流与合作，推动高校图书馆事业的发展。

### （三）服务支撑

闽江学院图书馆在构建服务体系方面采取了创新且多元化的策略。以图书馆网站为主体，确保了服务的有效性，同时辅以微信公众号、微博、QQ群等自媒体平台，形成了一种互联网矩阵式服务体系。这样的策略有以下几个显著的优点：

覆盖广泛：通过多个自媒体平台，图书馆的服务能够覆盖更广泛的用户群体，不受时间和地点的限制。

交互性强：自媒体平台允许用户与图书馆进行实时互动，提出问题、分享意见，从而提高了用户的参与积极性。

信息更新迅速：自媒体平台通常具有更快的信息传播速度，使得图书馆能迅速更新相关服务和活动信息。

服务形式灵活：除了传统的图书借阅服务，图书馆还可通过自媒体平台提供电子资源、在线讲座、虚拟展览等多种形式的服务。

降低运营成本：与实体图书馆相比，自媒体平台的运营和维护成本相对较低，提高了服务的效率和性价比。

总的来说，闽江学院图书馆通过构建以图书馆网站为主、自媒体平台为辅的互联网矩阵式服务体系，不仅提升了服务质量和效率，还增强了与用户的互动和联系。这种新型的服务模式值得其他图书馆借鉴和学习。

## 二、闽江学院图书馆智慧化转型建议

### （一）加强顶层设计，构建服务体系

闽江学院图书馆应构建以实践为基础的智慧图书馆信息基础设施顶层架构体系，真正指导本校智慧图书馆的建设，最终形成图书馆文献资产管理体系，构建图书馆大数据中心，使图书馆掌控资源，实现数据驱动的文献管理和服务；构建面向全校师生的智慧图书馆服务体系，为师生提供面向不同学科、不同学院的一站式资源检索服务和个性化资源推荐服务，实现图书馆全局性的智慧管理和人性化服务。

### （二）优化子系统功能，保障服务效果

闽江学院图书馆在智慧化转型中，应充分运用物联网、云计算、大数据等新一代信息技术，将图书馆建筑、图书馆设备、纸质馆藏、数字馆藏、读者、馆员等各种要素联系起来，注重在信息技术基础上的整合集群与协同管理，提供新信息技术支撑下的泛在、便捷和跨越时空的读者服务，实现全面的互联、互通；利用科技大数据，设计信息获取方案，由知识服务向智慧服务转变，帮助决策者抓住科技创新机遇。

闽江学院图书馆应建立以下子系统，为教学、科研、学科建设和人才培养提供文献和信息服务保障。

数据服务支撑保障系统：依托数据处理技术以及相关设备、设施、人力资源，为图书馆数据资源的全生命周期提供相关服务。

文献数据管理系统：对图书馆的纸质文献、商用数据库、自建数据库等学术文献资源的元数据进行一站式管理。

运行数据管理系统：收集、统计、分析、管理读者行为数据和图书馆事实数据。

数据监控系统：保障图书馆各项数据的安全使用，监控数据状态，发现数

据异常情况应及时反馈。

馆员工作系统：面向馆员打造业务集成操作的工作平台，为馆员提供自定义工作面板。

智慧门户系统：智慧化的图书馆信息门户管理系统，为图书馆用户提供智慧化、专业化的服务应用。

文献资源统一检索系统：一站式检索多种类型的文献资源，精确定位文献出处，实现全文获取。

大数据分析发布系统：对图书馆的整体运行状态进行数据统计、分析诊断并及时发布信息。

参考咨询系统：基于图书馆参考咨询工作的广泛性，结合信息化平台，将在线咨询应用到图书馆管理工作中，以提高图书馆的服务质量。

图书馆集成管理系统：对读者、图书、文献、书库书架进行一体化标识，基于计算机信息、馆藏文献和读者服务构建高效、便捷的管理与服务体系。

读者互动荐购系统：随着信息技术在图书馆的深入应用，读者通过网络荐购已经成为高校图书馆传统荐购方式的一个重要补充。读者可以互相推荐书目，也可以向图书馆推荐可购买书目。

投稿分析系统：投稿分析系统是以国内外常用数据库的期刊数据为基础，基于作者稿件的内容进行大数据分析，为投稿用户提供以多种指标为基准的期刊投稿指南。

学术成果管理系统：对学术产出成果进行存储和展示，同时基于学术产出进行多维度的分析评估，为学校的学科建设提供有力支持。

电子资源管理系统：管理图书馆采购的各类电子资源，建立完善的采购流程，为图书馆的采购决策提供数据支持。

查收查引系统：基于最新的自动检索技术，自动根据业务委托要求检索数据供学者确认并审核，实现智能化的交互体验，自动根据检索结果生成报告，突破传统业务办理的人工作业模式，提高图书馆业务办理效率。

微信小程序：利用微信小程序为读者提供各种形式的服务，不仅可以提升服务效率，节约用户时间，还可以提升图书馆的服务品质、改善用户的体验。

馆藏绩效评价系统：为电子资源的配置提供优化依据、指明发展方向，为学校和学科的建设提供客观的馆藏资源分析评估服务。

学术头条：学术头条是基于大数据挖掘和用户行为分析的一款学术资源推荐应用，基于数据挖掘技术，在数据与用户之间建立联系，基于用户学术兴趣和历史浏览记录为用户推荐显性或隐形的个性化学术资源。

统一身份认证系统：智慧图书馆支持与智慧校园统一身份认证平台集成，实现用户一站式登录，避免用户多系统重复登录。

数据集成系统：智慧图书馆应与闽江学院智慧校园数据共享交换平台集成和对接，实现数据共享和交换，并提供基于数据库和智慧图书馆的全量或增量、多条或单条数据等不同方式的共享同步接口，保证向数据共享交换平台提供的数据质量达到学校的要求。

服务集成系统：智慧图书馆中涉及面向全校师生和访客提供公共服务的功能模块、办事流程或服务事项，应与闽江学院智慧校园系统进行集成，通过接口对接或页面嵌入的形式面向全校师生提供一站式服务。

新媒体集成与推广平台：建立符合校园特色的一体化现场制作系统，通过全媒体采集前端设备、导播切换、字幕特效、模拟情景、流媒体直播等途径，打造校本资源建设、节目录制、校园直播、情景教学等满足学校个性化需求的全功能现场制作中心。

# 第三节　重庆大学图书馆的智慧化转型
## ——以智慧图书馆系统为例

重庆大学智慧图书馆系统可记录读者上网浏览时的账号、设备型号，随时随地收集读者的使用设备信息、浏览信息、检索信息、借阅记录、收藏信息、订阅信息等，并对用户个人资源库记录（阅读记录、文献订阅、收藏书架、检索档案、文献评论等）信息进行深度挖掘和分析。

## 一、重庆大学智慧图书馆的馆藏资源智能推荐模块

在阅读形式上，重庆大学智慧图书馆设计了响应式网站界面，最大限度地满足了用户移动端的数字阅读需求。同时，重庆大学智慧图书馆推出了针对单个读者及群体读者的一系列相关资源智能推荐模块，如科研专题资源库、课程文献中心等。

（一）科研专题资源库

科研专题资源库以某个研究方向（主题）为单元，组织文献内容，并根据这个方向（主题）的描述规则，来自动匹配馆藏资源。系统会根据科研专题的描述词与院系专业的描述词进行匹配，对这些主题所涉及的资源（包含教科书、工具书、中外文数字期刊文献、专业数据库等）进行整理，优先向专业匹配的读者推送，也会随机向全部读者推送。读者可直接进入相应的专题资源库查阅所需文献资源，还可关注科研专题资源库的其他用户，结识科研伙伴。

## （二）课程文献中心

课程文献中心是以一门课程为单元，集中展示该课程的相关文献、资料、教材、教参等资源的平台。它旨在为学生、教师和研究人员提供一个便捷、全面的课程学习资源获取渠道，帮助他们更好地理解和掌握课程内容，促进教学和研究的顺利进行。

在课程文献中心，用户可以浏览与特定课程相关的各种文献资源，包括教材、教参、学术论文、期刊文章、研究报告等。这些资源可以按照不同的分类方式组织起来，如按学科、按课程名称、按作者等，方便用户快速地找到所需的资源。

此外，课程文献中心还具有一些辅助学习的功能，如在线阅读、下载、引用、评论等，方便用户进行学习和交流。同时，它也可以在备课和教学方面为教师提供支持，帮助他们更好地备课和授课。

总之，课程文献中心是一个以课程为单元的资源整合平台，它集成了与该课程相关的各种文献资源，为用户提供了一个便捷、全面的资源获取渠道，有助于教学和研究顺利进行。

## 二、重庆大学智慧图书馆系统的服务内容

在阅读推广过程中，读者不是被动接受者，而是重要的参与者。重庆大学智慧图书馆系统可智能推荐资源，读者可对资源进行订阅、评价，与用户进行互动，也能将学习资料上传到平台进行分享。读者也可以对个人所借阅图书及期刊文献进行内容评价及星级评分。图书馆开发的"我的书斋"和"悦读会"为读者提供了参与互动的平台。"我的书斋"主要由书评中心、藏书架、文档库、文献互助等模块组成，读者可以互动分享书评，并对感兴趣的内容进行订阅。书评中心主要由个人书评、所关注好友的书评及推荐书评三部分组成。"悦读会"于2016年启用，是以重庆大学图书馆馆藏图书阅读为核心，将具有相

同阅读兴趣的书友组织起来，为书友提供可以实时交流、深度探讨的平台。这些推广平台的特点是提供参与式交互阅读服务，包括认知参与、行为参与、情感参与。这三个维度的参与能帮助读者深入思考，激发读者的阅读热情。

另外，重庆大学智慧图书馆系统支持下的阅读推广实践表明，智慧图书馆系统可以更有效地促进数字资源和纸质资源的推广，可以提供更多形式的阅读服务内容。重庆大学智慧图书馆系统不断创新服务内容，同时形成了以数字阅读推广为主的创新方案，将原来主要依赖实体场所及纸质资源的推广活动逐步与线上阅读推广相结合；进行读者分类，为普通读者提供数字资源阅读体验服务，为研究者提供学科专业领域的专业知识阅读推广服务。

## 三、重庆大学智慧图书馆系统的完善建议

### （一）尽快建立文献资源元数据仓储平台

完善重庆大学智慧图书馆系统时，应对现有的文献资源元数据进行重新梳理和组织，可建立文献元数据仓储平台，对所订购的各数据库、图书资源进行去重、排序，将纸质文献元数据与数字文献元数据整合在一起，进而将纸质文献和数字资源进行整合、聚类，实现以"篇"为单位的文献数据的分类。同时，应重视图书馆运行大数据平台的建设，管理和利用好各种资源、用户数据，提供更加智能化的服务。

### （二）融入多维度用户偏好的智能推荐系统

智慧图书馆系统下阅读推广的基础是资源的推荐及推送，现有的智能推荐系统是根据用户兴趣偏好以及资源之间的相关性进行推荐，忽略了用户的意见、评价和情感态度。应从用户在智慧图书馆系统中的阅读、检索等历史记录着手，挖掘用户的情感偏好、兴趣偏好、社交偏好等，找出用户之间的相似之处。基于以上多个维度进行用户偏好整合，实现精准的智能推荐，能为用户提

供更加个性化的数字阅读推荐服务。

(三) 深化数字阅读与专业阅读

收集用户数据时不能只看访问量、浏览量、收藏量、下载量及文献流通数据增减等指标,更应该对页面停留时间、留言和资源评论以及用户之间的互动等非结构化数据进行监测管理和深入挖掘。另外,应实现不同部门、机构系统的对接,对用户数据进行多维分析,如结合学校的选课成绩系统、机构知识库等,将教务部门提供的个人选课信息、成绩信息与机构知识库中个人的学术成就等联系起来,分析用户的阅读行为,为专业阅读推广及效果评估提供依据。

在网络时代,智慧图书馆应在阅读推广中引入多种传播媒体,提升读者的阅读体验。只有这样,智慧图书馆才能最大限度地扩大自身的社会影响力,使读者享受到更加便捷的阅读推广服务。

# 参 考 文 献

[1] 曹静.高校智慧图书馆建设与应用研究[M].北京：中国商务出版社，2019.

[2] 陈群.互联网＋图书馆智慧服务研究[M].长春：吉林出版集团股份有限公司，2022.

[3] 陈伟，张霞，王仲皓.图书馆智慧化服务模式探究[M].长春：吉林人民出版社，2021.

[4] 董伟.新媒体时代图书馆管理与服务研究[M].长春：吉林人民出版社，2019.

[5] 董雪敏,基于智慧图书馆技术的公共图书馆阅读推广模式研究[D].天津：天津理工大学，2018.

[6] 傅春平.公共图书馆智慧服务的探索与实践[M].广州：世界图书出版广东有限公司，2020.

[7] 高桂雅.大数据时代智慧图书馆科学化服务体系构建[M].长春：吉林出版集团股份有限公司，2021.

[8] 贺芳.智慧图书馆建设与应用研究[M].长春：吉林大学出版社，2022.

[9] 黄葵.智慧图书馆视角下的阅读推广研究[M].天津：天津科学技术出版社，2019.

[10] 贾虹.智慧图书馆及其服务创新研究[M].北京：中国农业出版社，2022.

[11] 黎云.图书馆阅读推广理论与实践探究[M].南昌：百花洲文艺出版社，2020.

[12] 李青燕.新时期智慧图书馆建设研究[M].呼和浩特：远方出版社，2022.

[13] 林立.智慧图书馆的理论与实践[M].福州：福建科学技术出版社，2021.

[14] 卢致尤.公共图书馆空间再造助推阅读推广创新实践：以广州图书馆为例

[J].内蒙古科技与经济，2020（15）：117-120.

[15] 马利华.图书馆信息管理与服务研究[M].延吉：延边大学出版社，2019.

[16] 陶功美.智慧图书馆建设及新兴技术的应用研究[M].长春：吉林人民出版社，2021.

[17] 陶洁.图书馆阅读推广与信息服务研究[M].哈尔滨：哈尔滨出版社，2020.

[18] 田长斌.现代图书馆移动阅读服务研究[M].北京：现代出版社，2019.

[19] 王大壮.智慧图书馆阅读推广服务创新策略研究[J].图书馆学刊，2018，40（3）：99-102.

[20] 王东亮.智慧图书馆与阅读推广工作研究[M].北京：中国国际广播出版社，2021.

[21] 王世伟.智慧图书馆引论[M].上海：上海大学出版社，2022.

[22] 王宇，张燕伟.全民阅读从创新发展中走来[M].北京：中国社会科学出版社，2016.

[23] 王志红，侯习哲，张静.智慧图书馆建设与阅读推广研究[M].哈尔滨：哈尔滨出版社，2021.

[24] 吴玉灵，廖叶丽.现代图书馆智慧服务理论技术与实践[M].南昌：江西高校出版社，2022.

[25] 肖三霞.图书馆全民阅读推广与服务模式构建研究[M].长春：吉林出版集团有限责任公司，2019.

[26] 肖佐刚，杨秀丹.图书馆科普阅读推广[M].北京：朝华出版社，2020.

[27] 谢福明.智慧图书馆建设与应用研究[M].长春：吉林出版集团股份有限公司，2021.

[28] 严栋.智慧图书馆概论[M].大连：辽宁师范大学出版社，2021.

[29] 张海波.智慧图书馆技术及应用[M].石家庄：河北科学技术出版社，2020.

[30] 张贤淑.智慧图书馆阅读推广创新策略研究[J].文化创新比较研究，

2022，6（5）：99-103.

[31] 郑辉，赵晓丹.现代公共图书馆智慧服务平台建构研究[M].长春：吉林人民出版社，2020.

[32] 周伟.智慧图书馆理论与实践[M].长春：吉林文史出版社，2019.

[33] 周玉英，王远.5G环境下智慧图书馆的服务研究[M].北京：北京燕山出版社，2022.

[34] 朱白.智慧图书馆理论与实践创新[M].杨凌：西北农林科技大学出版社，2019.

[35] 庄革发.智慧图书馆理论与实践[M].沈阳：辽宁大学出版社，2019.